幸福拉萨文库

旅游篇

《幸福拉萨文库》编委会 编著

拉萨民俗风情之旅

走进民俗文化
传承千年文明

西藏人民出版社

图书在版编目（CIP）数据

拉萨民俗风情之旅/《幸福拉萨文库》编委会编著.
--拉萨：西藏人民出版社，2021
（幸福拉萨文库．旅游篇）
ISBN 978-7-223-07037-9

Ⅰ．①拉… Ⅱ．①幸… Ⅲ．①风俗习惯－介绍－拉萨
Ⅳ．① K892.475.1

中国版本图书馆 CIP 数据核字（2021）第 261663 号

拉萨民俗风情之旅

编　　著	《幸福拉萨文库》编委会
责任编辑	扎西欧珠　达瓦平措
策　　划	计美旺扎
封面设计	颜　森
出版发行	西藏人民出版社（拉萨市林廓北路 20 号）
印　　刷	三河市嘉科万达彩色印刷有限公司
开　　本	710×1040　　1/16
印　　张	11.25
字　　数	178 千
版　　次	2022 年 5 月第 1 版
印　　次	2022 年 5 月第 1 次印刷
印　　数	01-10,000
书　　号	ISBN 978-7-223-07037-9
定　　价	48.00 元

版权所有　翻印必究

（如有印装质量问题，请与出版社发行部联系调换）

发行部联系电话（传真）：0891-6826115

《幸福拉萨文库》编委会

主　　　任	齐 扎 拉	西藏自治区党委副书记、自治区政府主席
	白玛旺堆	西藏自治区党委常委、拉萨市委书记
常务副主任	张 延 清	西藏自治区政府副主席、日喀则市委书记
	果　　果	拉萨市委副书记、市长、城关区委书记
	车 明 怀	西藏社科院原党委书记、副院长
副 主 任	马 新 明	拉萨市委原副书记
	达　　娃	拉萨市委原副书记、市人大常委会主任
	肖 志 刚	拉萨市委副书记
	庄 红 翔	拉萨市委副书记、组织部部长
	袁 训 旺	拉萨市政协主席、经开区党工委书记
	占　　堆	拉萨市委常委、常务副市长
	吴 亚 松	拉萨市委常委、宣传部部长
主　　　编	《幸福拉萨文库》编委会	
执 行 主 编	占　　堆	拉萨市委常委、常务副市长
	吴 亚 松	拉萨市委常委、宣传部部长
副 主 编	范 跃 平	拉萨市委宣传部常务副部长
	龚 大 成	拉萨市委宣传部副部长
	李 文 华	拉萨市委宣传部副部长
	许 佃 兵	拉萨市委宣传部副部长
	拉　　珍	拉萨市委宣传部副部长
	赵 有 鹏	拉萨市委宣传部副部长

委　　员	张春阳	拉萨市委常务副秘书长
	张志文	拉萨市人大常委会副秘书长
	杨年华	拉萨市政府副秘书长
	张　勤	拉萨市政协副主席
	何宗英	西藏社科院原副院长
	格桑益西	西藏社科院原研究员
	蓝国华	西藏社科院科研处处长
	陈　朴	西藏社科院副研究员
	王文令	西藏社科院助理研究员
	阴海燕	西藏社科院助理研究员
	杨　丽	拉萨市委宣传部理论科科长
	其美江才	拉萨市委宣传部宣教科科长
	刘艳苹	拉萨市委宣传部理论科主任科员

前言
QIANYAN

拉萨民俗，穿越时光的神秘之旅

西藏，这片平均海拔在4000多米的雪域高原，以其恢宏的气势傲然立于世间，令人无限神往。千百年来，生活在这块高天厚土上的各族人民，创造了辉煌灿烂的文化。西藏民俗是西藏文化的重要组成部分，以其厚重的文化底蕴和特有的高原风采深受世人瞩目。拉萨作为西藏的首府，是西藏的政治、经济、文化和宗教中心，因而西藏的民俗风情在这里得到了最集中体现。

可以说，西藏民俗文化是由西藏各民族共同创造的。藏族、门巴族、珞巴族以及僜人和夏尔巴人，他们共同生活在西藏高原，也都有自己的民俗文化。从语言到婚丧嫁娶，从信仰节日到衣食住行，在民俗文化的方方面面都有着浓郁的民族特色。

然而，不可否认的是，藏族是西藏高原的主体民族，从分布地域和人口数量看都占绝对优势，其建筑、医学、天文历算、宗教典籍、文学艺术、歌舞戏剧等都达到了相当高的水平，是中华文化和人类文化的宝贵财富。因而，藏族的民俗文化在拉萨民俗文化结构中也占据了主导地位。

这里的人们世代逐水草而居，创造了具有鲜明地域特色的高原游牧文

化。牧民吃乳酪、牛羊肉，穿、用裘皮和毛织品，居牛毛帐篷，行以马、牛代步和驮运。此外，还有那高亢的牧歌、豪放的赛马、剽悍的性格，处处展现出游牧文化的风姿。

同时，宗教在传统西藏社会中占据着重要地位，对拉萨民俗文化也有着深刻的影响。繁多的宗教节日与仪式，日常信仰礼俗中的念经、祈祷、转经等活动，婚丧嫁娶中的种种繁缛礼俗，无不带有宗教影响的深深印迹。然而，拉萨民俗既有宗教性的一面，也有世俗性的一面，表现出宗教与世俗互融的特征。就物质民俗而言，衣、食、住、行是人类生存的基础，为获取生产和生活资料所从事的活动是最现实的活动，祈求神灵保佑只是手段，使庄稼丰产、吃饱穿暖、出行平安才是目的。在社会和人生礼仪习俗领域，婚、育、丧葬等活动中有较多与宗教相关的仪式，但其目的仍是关注生者的幸福与平安，或让逝者早日转生找到理想的归宿。

民俗文化是历史的创造物，既有历史的传承性，又因社会的发展而不断发展和变化。在当代，拉萨民俗文化的时代性特征更为明显。随着西藏社会的巨大变革和经济的发展，拉萨人的生产生活方式、思想文化观念都发生了许多变化。无论是衣食住行、婚丧嫁娶还是节日游艺，无不表现出鲜明的时代变迁与历史进步。

本书共分为五大篇，分别从衣食住行、传统礼俗、节日、信仰，以及生产、游艺等方面对拉萨的民俗风情进行了全方位的解读，力求让人们对拉萨的民俗风情有一个深入的了解与洞察。

丰富多彩的拉萨民俗风情，在远离尘埃的美丽高原绽放着自己特有的魅力，随着一代代藏族人民的传承与发展，在这片土地上演绎出灿烂神秘的文化色彩，丰富了我国传统文化的构成，也成为中国传统民俗文化了解与研究中必不可少的一部分。上百年，上千年，生生不息，源远流长。

目录
MU LU

第一篇　透过衣食住行，爱上一座城

第一章　藏族服饰，拉萨的亮丽标识

　　藏袍，一衣多用的大行囊｜002

　　邦典，系在腰间的彩虹｜004

　　狐狸皮帽的趣闻｜007

　　男女老少都爱金花帽｜008

　　文成公主与嘎洛鞋｜010

　　男女都要有的耳饰｜012

　　项饰与胸饰都少不了天然宝石｜013

　　精雕细刻的手饰｜015

第二章　雪域高原，生态美味

　　一锅糌粑粥，两个拉萨人｜017

　　三月的祛瑞赛虫草｜019

　　　　酥油茶，西藏的味道 | 020

　　　　喝茶有讲究，小心"一碗成仇" | 022

　　　　敬你一碗青稞酒 | 024

　　　　藏餐食肉的禁忌 | 025

第三章　古城拉萨的建筑与居住习俗

　　　　以帐篷为屋，逐水草而居 | 028

　　　　黑帐篷，游牧文化的历史内涵 | 030

　　　　从选址到乔迁的礼俗 | 032

第二篇　生育之礼，婚丧之仪——拉萨传统礼俗

第一章　生命的传承——拉萨生育习俗

　　　　挂在门上的奇特红布条 | 038

　　　　"旁色"，给孩子举行的诞生礼 | 040

　　　　抹点"锅底灰"才能出门 | 041

　　　　拉萨人起名的规矩 | 043

第二章　缘牵一线，忠诚一生——拉萨婚恋习俗

　　　　专门给女孩的成人礼 | 045

　　　　看到白帐篷，千万别乱进 | 046

　　　　婚姻有禁忌，不要选错人 | 048

　　　　提亲与订婚中的仪礼 | 049

　　　　迎亲与婚礼中的规矩 | 051

　　　　回门应该注意这些事儿 | 054

第三章　在生命的终点，告别——拉萨丧葬习俗

拉萨丧葬形式的演变 | 057

丧葬礼仪与禁忌 | 059

"七期荐亡"习俗 | 062

第三篇　节庆拉萨，一路欢笑一路歌

第一章　热闹藏历年，雪域高原上的"春节"

吉祥水迎接藏历新年 | 066

一碗"古突"拉开藏历新年序幕 | 068

做"切玛"，吃"卡赛" | 070

正月十五酥油花灯节 | 071

第二章　狂欢雪顿节，拉萨的"嘉年华"

雪顿节，吃酸奶的节日 | 073

展佛：一年一次的朝觐 | 076

一场藏戏的盛宴 | 078

拉萨雪顿节新时代的变迁 | 081

第三章　节日月月有，趣味各不同

青稞酒，酥油茶，带上美食过林卡 | 084

赛马节：追风少年与万人狂欢 | 086

望果节：一场流传1500年的感恩游行 | 089

第四篇 载一抱素，虔诚敬奉——拉萨信仰习俗

第一章 民间信仰

每一座山峰都有神灵 | 094

用神湖圣水洗涤心灵的污秽 | 096

古老精灵——"年"神、"赞"神和"鲁"神 | 098

祖先的图腾崇拜 | 100

占卜与梦兆信仰 | 102

数字与颜色 | 104

第二章 本教信仰

本教的发展与演变 | 109

本教的流派 | 112

本教的神灵系统 | 115

延寿增福的仪式 | 117

预祝丰收的仪式 | 120

第三章 藏传佛教信仰

佛教的传入与发展 | 123

藏传佛教的主要派别 | 125

朝圣、磕长头与转经 | 126

供养与布施 | 127

第五篇　遵循古老传承，完善当下人生

第一章　祈愿上苍，感恩大地——拉萨农牧业习俗

　　正月初五，拉萨河谷祭祀农业神｜132

　　庄稼干旱，请咒师来祈雨｜134

　　农耕民俗的"安土"仪式｜135

　　西藏神话中的"丰收女神"｜136

第二章　匠心独运，技艺超群——拉萨手工艺习俗

　　藏香的起源与传说｜138

　　神秘的唐卡，背后有哪些禁忌｜140

　　有关藏纸的传承与习俗｜143

　　雪拉村的世代藏靴匠人｜146

第三章　斗智斗勇，怡情益智——拉萨游艺习俗

　　藏围棋的由来｜149

　　你一定没有见过赛牦牛｜151

　　有趣的石头竞赛｜153

　　摔跤是这样玩儿的｜155

　　什么是"大象拔河"｜157

　　拉萨风筝：会飞的纸鸟｜159

　　老虎捉羊与找羊毛球｜163

后记　走近民俗文化，传承千年文明｜166

主要参考文献｜168

第一篇
DI YI PIAN

壹

透过衣食住行，爱上一座城

拉萨用它独特的传统风情营造着浓厚的文化氛围，在阳光长年累月的沐浴之下，这里的人们，这座城，都洋溢着阳光的干燥与温暖，纯净，纯粹，独立而神秘。这里有干净的天空，纯净的空气，有五彩斑斓的宝石在太阳下熠熠生辉，有颜色鲜艳的邦典随风舞动。当结实的帐篷撑起一个个温暖的空间，当饱满的青稞化作迷人的酒水，在阵阵糌粑的香气里，在缕缕温热的茶香中，一座城市就这么在我们眼前铺陈开来。

第一章
藏族服饰，拉萨的亮丽标识

少数民族服饰是我国传统服饰文化中十分夺目精彩的一部分，在历史的长河里，占据着举足轻重的位置。而藏族服饰作为少数民族服饰的代表之一，以其鲜明独特的裁剪风格和多功能的优势，成为拉萨人民心中的最爱，更受很多外地游客以及服饰文化爱好者的青睐。多姿多彩的藏族服饰，是拉萨这座城市最具代表性的存在。

● 藏袍，一衣多用的大行囊 ●

在拉萨，人们常说这样一句顺口溜："白天穿，夜里盖，光板皮子露在外，不怕风吹日头晒。"去过拉萨的人都能理解，这句话说的正是外形独特、功能丰富而又穿法多样的藏袍。

藏袍最鲜明的特点是大襟、右衽，腰襟十分肥大，袖子又宽又长，在衣服的领子和袖口、襟边以及下摆等位置，则常用细毛皮、氆氇或者彩色布镶边。藏袍的多功能性，使其成为人们日常劳动和生活中必不可少的衣物。

在拉萨人眼中，一件宽大的藏袍，便是常出门的人们随身携带的"行李箱"，不管身在何方，不用担心挨饿受冻或者没有睡觉的地方。为什么这么说呢？这还得从藏袍的特点说起。

制作藏袍的衣料一般为羊皮，绒毛丰厚，一件皮袍有十五六斤重，相当于两床厚棉被的保暖功能，又足够宽大，能够全方位包裹身体，所以，藏袍穿在身上，寒风雪霜自然能够被抵御在外。此外，藏袍的袖子又宽又长，长出手背四五寸，在冬天，藏袍的长袖能够保护人们的双手不受冻，远比一副保暖手套暖和、方便，同时，人们还可以用长袖捂住口鼻，相当于一个宽大保暖的口罩，防风防冻。生活在雪域高原，藏袍自然就成了人们外出时形影不离的最佳保暖服。

说起穿上藏袍就不怕挨饿，有人可能会问，穿衣服与饥饿能有什么关系呢？这要归功于藏袍的储存功能了。我们一般的衣服口袋都比较小，储物量自然也很小，甚至有些衣服的口袋只是装饰，装东西反而会影响美观，但藏袍就不一样了。

藏袍的衣襟非常大，又有束腰设计，在穿藏袍前，里面还要穿一件长袖衬衣。穿上藏袍后，男子在束腰带时，通常会把袍子的下摆提到膝盖位置。而女子在束腰时，通常也要把袍子上提少许，让衣服的下摆遮住踝关节。如此一来，在胸前就会留出一个突出的空隙，类似一个大口袋。人们在外出时，就可以在这个口袋中存放酥油、糌粑、茶叶、饭碗，有些藏袍足够大，甚至可以放得下一个婴儿。如此，出远门的人只要在大口袋里装上足够的口粮，不论走到哪里，都不用担心会饿肚子了。

白天穿，夜里盖，是怎么回事呢？原来，藏袍除了可以穿在身上保暖储物，还可以用来当铺盖，既是睡毯还是被子。劳动了一天的人们需要休息时，可以将藏袍的腰带解开，脱下两只袖子，把藏袍展开，一半铺在地上，另一半盖在身上，一个温暖便捷的睡袋便诞生了，如此，我们也可以将藏袍称为"行走的睡袋"。

很多人看到宽大厚重的藏袍，会担忧如果一直穿在身上，天气热时，会不会因为衣服太暖和而中暑。其实，看看西藏人民的穿衣习惯就会发现，这点完全不用担心。人们在穿藏袍时，通常只穿一只袖子，另一只袖子不穿，而是直接从后面拉到前面，如果气温更高时，也有人会将两只袖子都脱下来，围在腰间，等到气温降低时再穿上。藏袍宽松肥大，穿脱袖子都很方便，冷热可以根据需要随意调节，散热功能则无须担忧。

如果你在不同季节去拉萨，用心留意一下就会发现，藏袍其实并非想象中单一的样子，在拉萨及周边地区，常见的藏袍主要有六种，适用于不同的季节和场合，分别是：老羊皮袄、秋板皮袄、羔羊皮袄、布单衣、毡衣、毛毪褐衫。

老羊皮袄皮板厚实宽松，白天穿身上，晚上当铺盖，对游走在外的牧民来说是御寒服装的不二选择。这种藏袍也是藏族牧民最传统最古老的服装。

秋板皮袄是用秋天的皮子做成的，毛短皮薄轻巧舒畅，穿在身上冷热适中，是牧民夏秋季节的主要服装。它还兼有雨衣的功能。

羔羊皮袄绵软保暖，上好的羔羊皮毛色纯白，用来缝制羔羊皮袄一般还会配上最好的缎面和水獭皮边，这样制成的衣服，比较珍贵，一般条件好的家庭在女儿出嫁时会拿来当嫁妆。这样的衣服，人们一般只在节日里和重要场合才舍得穿。

布单衣是用棉布缝制成的，有夏天穿的单布藏袍，成本较低，非常实用；也有用质地高档的缎料缝制成的高档藏袍，和羔羊皮袄一样，也只在节日和重要场合才会穿。

毡衣是用羊毛专门缝制的薄毡制成的，一般长至膝盖，具有防雨功能，是西藏人民夏秋多雨季节放牧时常穿的一种衣服。

毛氆褐衫是西藏人民最为讲究的一种高级服装，质地紧密，防水防潮，十分保暖。

生活在雪域高原的人们，在特殊的地理环境和气候条件下世代繁衍，摸索创造出了藏袍这种不需要量体裁衣的多功能服装，一件衣服不只是衣服，更是一件多功能生活劳动必需品。藏袍是藏族人民智慧的结晶，也是藏族独特的服饰文化，宽宽大大的藏袍包裹着温度，更包含了藏族人民杰出的智慧与文明。

随着时代的变化发展，以及受各民族相互交往及文化交流的影响，藏族服饰在演变中不断丰富和发展，与时俱进。在经济发展的过程中，受到城镇化的影响，拉萨农牧民西装革履者越来越多，群众在平时穿藏袍的时段在减少，汉装、藏装、西装混穿的现象开始普遍起来。

● 邦典，系在腰间的彩虹 ●

脸带苹果红，腰系彩虹裙，歌声嘹亮，舞姿迷人……提及藏族姑娘时，人们脑海中总会浮现这样的景象。在拉萨，随处可见身着美丽藏装的女性，腰间系着五颜六色、细横线条的围裙，这种纯手工编织的围裙，当地人称之为"邦典"。

据史料记载，藏族女性腰间系邦典的习俗，已经有1000多年的历史了。它是藏族先民依照雨后彩虹的颜色，用五彩丝线或毛线手工编织而成，千百年来将不同年龄、不同身材的藏族女性装扮得或典雅高贵，或婀娜多姿，或朴素大方，呈现出了一种别致的美。

在过去，邦典不只是藏族女性生活中的装饰物，更重要的，它还是一个成熟女人的标志。藏族少女一过15岁，家人便会为其举行成人礼，而成人礼中主要的仪式之一，就是要在她的腰部系上五彩的邦典。邦典几乎是每一位藏族成年女子的心头所好，每逢喜庆节日，腰间系一条邦典，有如彩虹罩身，几人、几十人簇拥在一起，更是五彩缤纷，艳丽多姿。

不过，邦典作为西藏的一种特殊衣饰，它在西藏这个特定的区域内仍然是反映某人身份的象征符号。比如，系宽条纹色彩艳丽的邦典，就知道其是牧区的；系细条纹色彩朴素高雅邦典的，一般是城镇居民。另外，邦典还能反映出穿着者的年龄，一般年轻的喜欢系颜色亮丽的邦典，老年人则喜欢系颜色深暗的邦典。

西藏服饰强调对比色彩的运用，明快热烈、鲜艳醒目，这跟西藏特殊的地理环境、独具地域特色的传统文化息息相关。生活在青藏高原的人们，享受着蔚蓝的天、洁白的云、青青的草原、碧绿的河水带给他们的美妙感觉，这一切能够唤起他们对大自然的特殊感情。五彩邦典便是这种独特审美意识的杰出代表，那鲜纯亮丽的色彩，以及色彩的对比、递增、排比、粗细、疏密等形式的运用，具有浓郁的生命气息，使人感受到一种生生不息的生命力。

邦典色彩艳丽、风格粗犷明快、纺织精密，犹如雨后一道道彩虹。纹饰有宽纹和细纹两种，宽纹以强烈的对比色彩相配置，具有粗犷明快的风格；细纹以纤细的相关同类色组成娴雅、温和、协调的格调。赤、橙、黄、绿、青、蓝、紫，各种色彩的组合和运用如同音乐谱曲，7个音符可以谱写各种动听的曲调一样，7种色彩也可以搭配出无数种邦典。邦典淋漓尽致地展现了色彩的冷暖感、轻重感、远近感、软硬感。

说到邦典，就不得不提到有着"邦典之乡"美誉的杰德秀镇。杰德秀镇就坐落在雅鲁藏布江畔，是西藏历史上的八大古镇之一。在这个面积不算大的小镇里，几乎家家户户都响着编织机工作的声音。在杰德秀镇，还流传着有关邦典与文成公主的故事。据说，邦典原先只是妇女们用来遮挡尘污的围裙，当年文成公主进藏时，带来了中原的许多先进技术，她进入高原后就开始教授人们纺织、染色，聪慧的藏族人由此创造出了彩虹般美丽的邦典，使其成为藏族服饰中非常重要的一个部分。

虽然邦典的原料与氆氇相同，但比氆氇单薄、精致、小巧。西藏人民除了将它系在腰间当作围裙，还用来制作妇女的坎肩、挎包，或者镶嵌在藏袍边上，现代人还用它装饰客厅的墙壁。

邦典的制作工艺并不简单：最初的原料是上好的羊毛，经过梳毛捻线（细捻为经，粗捻为纬）、上织机（经机梭打、编织等）、织图、着色、反复浆染、揉搓、晾晒等工序，一条成品邦典才能完成。其中，染色是用藏族特别的民间工艺调制的岩石和植物染料，羊毛线可以染出20多种艳丽的色彩，而且绝不会褪色。捻线更是费时费力的活，男人干不了，所以自古就是女捻线，男织机。2006年，经国务院批准，藏族邦典的织造技艺列入第一批国家级非物质文化遗产名录。

邦典是藏族人民生活中一种不可缺少的服饰，作为中华民族服饰文化中的瑰宝之一，它扎根于肥沃的藏族文化土壤中，具有浓郁的藏族文化气息和强悍的生命力。随着时代的发展，邦典变得越来越时尚了，颜色越来越漂亮，质量也不断得到提升，逐渐成为藏族女性服饰中最耀眼的装饰。有了膝前这道艳丽的风景，藏族女性之美被更好地诠释了出来。

● 狐狸皮帽的趣闻 ●

在拉萨，老一辈的人在讲故事时，时常会提起狐狸皮帽的故事。相传，赞普松赞干布统一吐蕃时，为了鼓舞将士们英勇杀敌建立功勋，同时有效惩治逃兵，曾颁布过一条法律：每次打仗回来，要给战功卓著的将士和英雄奖励虎皮或豹皮制成的上衣外套，接受大家的赞扬。如果有人在战争中临阵脱逃，那么这个逃兵被抓回来后，就要被戴上拖着尾巴的狐皮帽，然后站在大庭广众之下，接受同伴的斥责。在当时，狐狸皮帽无疑是一种耻辱的代表，是逃兵无法摆脱的严厉教训。这一法令的颁布，极大鼓舞和鞭策了将士们，为了避免顶着狐狸皮帽接受众人的斥责和羞辱，士兵们都勇敢冲锋陷阵，再无逃兵。

逃兵戴狐狸皮帽的法令一直延续到17世纪左右才被废除，而狐狸皮帽则由于保暖性极好被一直流传了下来，并逐渐成为西藏人民的心头爱。

藏族民歌中有这样一句歌词"狐皮帽子毛儿黄，轻风吹动像波浪"，热情的歌曲洋溢着人们对狐狸皮帽的喜爱之情。

轻风吹过，波浪翻滚，这样的情景与狐狸皮帽的取材与设计密不可分。藏式狐狸皮帽通常是用整块的狐狸皮毛制成，在制作时，人们通常会选择质量上乘的狐狸皮，其无与伦比的光泽与细腻感，使得帽子制成后光彩夺目，戴在头上，有一种帅气干练、粗犷豪放的美感。

制作好的狐狸皮帽戴在头上，人们会根据不同气候和多变的气温，将帽檐上下翻折，天热时向上翻折可以散热，天冷时翻下帽檐，可以将脸和耳朵包起来，具有很好的保暖效果，特别是在冰天雪地之中，戴上一顶狐狸皮帽，还可以帮助人们防止雪光烧灼眼睛。

藏族百姓戴狐狸皮帽，有着悠久的历史，更在今天发展成为藏族人民聚居区里精彩的手工艺术品。而狐狸皮的耐磨性以及比较容易得到的特点，更使其深受广大牧民的喜爱。

如今人们不仅仅注重狐狸皮帽保暖御寒的功能，更注重它在保暖之外的装饰功能。很多藏族男子会挑选狐狸皮最好的部分做帽子，也有不少年轻人则直接用整块的狐狸皮做帽子，在得到狐狸后，将狐狸的头尾和四脚都完整保留下来，经过简单加工制作成帽子。一顶狐狸皮帽戴在头上，后面带着漂亮的狐狸尾巴，在广阔天地里行走奔跑，整个人都会显得英武粗犷，还带上了一种神秘的气息。

闭上眼想象一下这样的场景，蓝天白云下，湖光山色间，豪放的藏族男子，身骑高头大马，头戴拖着狐狸尾巴的皮帽，纵马飞驰，在日光下闪耀成一道爽朗的风景。这样的情景，任谁遇到，都会驻足向往，心潮澎湃。

千百年来，从最初的惩罚功能到后来的保暖功能再到现在的保暖与美观并重，狐狸皮帽在藏族人民的心中占据着不可替代的重要位置，这是历史的传承，是情感的延续，更是藏族同胞审美与智慧的结晶。每一顶狐狸皮帽都是一道亮丽的风景线，每一位戴着狐狸皮帽的藏族男子，都是雪域高原上最英武豪迈的汉子。

● 男女老少都爱金花帽 ●

在拉萨，有这样一种说法"有钱没钱都要有一顶帽子"，由此可见西藏人民对帽子的喜爱之情。一顶制作精良的帽子，既可以抵御风寒遮挡太阳，又是极好的装饰。

藏式帽子和藏族服饰一样，款式种类多样，用途也各不相同，除了前面

提到的历史悠久的狐狸皮帽，在拉萨常见的帽子还有毡帽、金花帽等等，分别适用于不同的场合，具有不同的功能。而在所有藏式帽子中，广受群众欢迎的要数金花帽了。

走在拉萨街头，常能见到一种制作工艺十分精细、灿烂夺目闪闪发光的藏式帽子，戴在男女老少的头上，晃动成一道道亮丽夺目的风景线，时常引来无数欣赏的目光。这便是深受大家喜爱的"次仁金克"藏帽，也称为金花帽，又叫宝顶帽，是拉萨历史最悠久的帽子之一。传说，金花帽是当年文成公主进藏后，在布达拉宫的一次歌舞宴会上，看到西山飘绕的彩云，受到启发后，秉烛通宵设计出来的。

金花帽用优质的毛毡和皮毛做面料，帽檐四周用水獭或兔毛围制，在帽顶覆上织有各种美丽图案的金丝缎，帽檐用金丝带、银丝带点缀。金花帽的帽檐四支，前后沿较大，左右沿较小。

不同的人在戴金花帽时，对于帽檐会有不同的戴法。男性戴金花帽时会把左右及后面的帽檐都折进帽子里，仅留下前面的大帽檐，显得英俊潇洒。而女性在戴金花帽时，则是将两个大的帽檐折进帽中，留下左右小的在外面，走路时，帽檐上的金银丝带和坠饰会晃动出迷人的风景。老人在戴金花帽时，四个帽檐一般都不会折起来，他们选择将帽檐露在外面，这样既保暖又好看，更像一只展翅欲飞的吉祥鸟。

金花帽在制作时，男帽帽筒高于女帽，但是女帽的装饰更为华丽美观，用料丰富。下雪、风大的时候，人们一般都会将金花帽的四沿儿放下来，既可以防风保暖，又不影响美观。金花帽制作讲究，装饰精美，戴在头上十分精神，是男女老少人人喜欢、家家必备的藏帽。

金花帽常见于西藏拉萨、日喀则等地，从美观和实用性来说，它很好地发挥了金线光泽的不同特点，并与地理气候相结合，在藏族人民的头顶打造出了一顶顶熠熠生辉的集保暖与美观于一体的精致帽子，更在拉萨形成了一道道亮丽夺目、特色鲜明的风景线。

随着拉萨旅游业的日益兴盛，金花帽也被越来越多的外地游客注意。漫步大街小巷，眼前闪动而过的金花帽常常令游人驻足欣赏忘记前行。而带几顶富有民族特色、制作精致的金花帽回家，自用、收藏或者赠送朋友，也逐渐成为拉萨游客们的选择之一。

西藏人民的帽子就像藏族服饰，用料讲究、制作精细、华丽富贵、大方美观又经久耐用，是西藏人民亲手制作的生活必需品，也是具有强烈民族特色的艺术品，更表现了西藏人民的审美情趣和对传统文化的传承与发展。

戴一顶精致灿烂的金花帽，在太阳下载歌载舞，在草原上纵马奔腾，在街道里恣意行走，在风雪中勇往直前，光是想想，就已令人心醉神往。

● 文成公主与嘎洛鞋 ●

戴上漂亮闪烁的金花帽，系上艳丽时尚的邦典，在拉萨的街头做一回拉萨人，体味藏族风情别样的精致与华丽，低头时你会突然发现，身上美丽的装饰与脚下的旅游鞋、皮鞋是那么的不协调。此刻的你，需要一双手工制作、美观大方的藏鞋。

藏鞋初看上去如同戏台上古装戏曲里面的人物穿的鞋子，色彩的搭配非常讲究，有的还用丝线绣出各种各样的图案和花纹，更精致的则用金丝缎镶边、贴花，鞋尖更是有方有圆，有尖有钩，独具特色。

藏鞋还有一个神奇的特点：不分左脚和右脚。不论是做哪种样式，不论如何制作，都不分左右脚。这其实与西藏地区人民的生活环境有密切的关系。生活在高山雪域，很多人由于常年劳作和受冻，腿脚难免落下毛病，一些腿脚不便的人会拖着脚走路，导致有人鞋底左侧坏得快，有人鞋底右侧坏得快。藏靴在制作时不分左右脚，好处在于，如果经常拖着脚走路，只要一发现任何一侧有磨损，就可以将鞋子调换一下，平衡磨损，延长鞋子的使用寿命。不得不佩服西藏人民的智慧与用心。此外，所有的藏鞋都有系带。鞋带也是藏鞋制作中又一种美丽而讲究的手工艺品。鞋带一般采用细毛绒编织，带有各种图案，两端会留出彩穗，色彩鲜艳，系在藏鞋上，别致动人。

在拉萨，常见的藏鞋主要有"嘉庆""松巴拉姆""嘎洛"鞋等几种。

"嘉庆"靴在过去多为官员专用，属于藏靴中的高档品。它的藏语意为"虹影"，靴面和靴腰上有两组线条恰似美丽的彩虹，十分漂亮。制作"嘉庆"靴用的是非常优质的毛毡，保暖结实。

而"松巴拉姆"则是藏族男女老幼人人必穿的一种藏鞋，简称松巴鞋。

鞋底一般是用牛皮做的，并用粗毛线密密缝订，十分厚实。松巴鞋的鞋帮色彩丰富，分别用红、黄、绿、蓝等八种颜色的丝线绣出花边和花瓣，鞋面再绣上银花朵，非常美观。松巴鞋的鞋帮一般用黑氆氇呢做长鞋腰，长腰与鞋面间，用红、绿毛呢相接，长腰上方靠近腿肚的位置，会竖着留一条约10厘米长的口子，便于穿着和提携。松巴鞋实际是一种靴子，是行走在雪域高原的人们脚下最喜爱的鞋子之一。

而在拉萨以及林芝、山南等地区，妇女们最宠爱的藏鞋则是嘎洛鞋。嘎洛鞋相传是文成公主嫁到吐蕃后，将纺织、刺绣等工艺传授给当地人后，结合当地的气候条件而制作的。嘎洛鞋美观、结实，用厚实的牛皮作底，染黑的牛皮拉条及金丝线镶边，鞋后跟和鞋尖分别有一块黑色牛皮，鞋尖略微向上翘起，鞋帮用黑色氆氇和围裙料子做成，氆氇在下，大约有1尺长，而彩色的围裙料在上，约2寸长，花纹竖立。鞋筒顶部用红色羊毛做边。鞋后跟会留出5寸长的竖口，口边分别用染红的羊皮加固，方便提携。一双嘎洛鞋穿在脚上，鞋尖朝上耸起，状如木船头，看起来威武大方，十分精神。

嘎洛鞋穿着舒服不累脚，又英气大方，其制作过程却不容易，相比之下，最有挑战的是扎鞋底。几厘米厚的皮鞋底，要用锥子挨着扎口，然后用针一个个穿线缝结实，完全是需要技巧和力气的手工活。很多常年做鞋的匠人双手留下了新旧不一的伤疤和茧。如果你走在拉萨街头遇到纯手工打造的嘎洛鞋在出售，不要被它较高的定价吓到，一双舒适漂亮的嘎洛鞋里，蕴含的不只是藏族风情，更有这里的人对美的追求和精益求精的匠人精神。

随着时代的发展变化，有段时间，人们开始追求简单价低机器生产的嘎洛鞋以及其他普通鞋子，手工制作的嘎洛鞋因制作过程复杂、周期较长、成本较高而淡出人们的视线。而近几年，随着拉萨旅游业的发展，包含满满匠心、美观大方的手工嘎洛鞋再次进入人们的视线并成为焦点。

如果你来拉萨旅游或者在这里生活，一定要去街头听老人讲讲嘎洛鞋的传说，为自己买一双手工制作的嘎洛鞋，穿着嘎洛鞋踩踩拉萨的街道，尽情起舞或悠悠漫步，做一回幸福的拉萨人。

● 男女都要有的耳饰 ●

2017 年，纽约春季拍卖会上，有一款西藏松石珊瑚金饰耳坠，拍出了 4375 美元的高价，这款充满少数民族风格、制作精美、用料考究的耳饰吸引了无数参拍者的眼球，也使人们对西藏耳饰的关注度又提升了不少。

藏族耳饰以其造型独特材质讲究，一直备受关注，也深得很多爱美人士的青睐。

在拉萨，你会发现，耳饰不仅仅是女子佩戴的装饰，在大多数男子的耳朵上，你也会见到各种造型的耳饰，它们随着行走的人们，晃动出一道道独特的风景，成为拉萨街头最具有民族气息的代表物之一。

可以说，耳饰是藏族男女必不可少的装饰品，由于藏族人民对耳环的重视与喜爱，在拉萨这片土地上，诞生了丰富多彩造型各异的耳饰。藏族耳饰一般用金银为材料做基础造型，然后会根据不同的造型以及人们的喜好镶嵌大小不一的天然宝石，也会根据人们赋予其上的意义搭配不同的宝石。常被用来制作耳饰的主要有充满灵气的绿松石，温暖热情的红珊瑚和红玛瑙，颜色活泼艳丽又端庄大气，不

论佩戴在男子耳上还是被女子细心佩戴，都自带时尚与灵气。

在以前，拉萨人民对于佩戴耳饰还有很多讲究，贵族夫人和小姐们会佩戴一种叫作"埃果尔"的耳环，是用金银制成比较大的长方形形状，然后镶嵌品质极高的绿松石，佩戴在耳朵上贵气大方，是身份与地位的象征。而有身份的男子则会佩戴一种名为"索几"的圆而细长的耳环，是用金丝和上等绿松石制作而成，这种耳坠只戴在男子的左耳，是身份尊贵的象征。在拉萨，最常见的男士耳环，叫"阿隆"，有的用金银制作，有的则是用铜，做成圆环后，一般会根据个人的条件与需求，镶嵌不同品质的绿松石，这种耳环在民间广为流传。如果你逛到了牧区，还会发现牧区藏族同胞戴着的"阿隆"比市区所见到的大一圈或者两圈，看起来更有一种豪放潇洒之美。

藏族人民崇尚自然，钟爱配饰，独特的审美与对自然的热爱，造就了他们无与伦比的创造力。在拉萨，如果你想挑选精美的藏族风情耳饰，可以在闲适的午后，去八廓街附近走一走，在八廓街的北面，有当地最出名的冲赛康，这是拉萨最古朴的集市，他们晨起而聚，日落而散，这里有雪域高原义乌的美誉，也是西藏著名的商品集散宝地，在这里我们可以看到淳朴的人们流动贩卖着具有民族特色的精美饰品，更有不少精美的耳饰等着有缘人去带走它们。挑几对心爱的耳饰对镜佩戴，感受来自雪域高原时尚而天然的审美与智慧，你会发现自己也美得熠熠生辉。

● 项饰与胸饰都少不了天然宝石 ●

拉萨人民对天然宝石的钟爱体现在方方面面，不论是我们之前了解过的各种帽子，还是男女都喜欢佩戴的耳饰，都少不了各种宝石的点缀。而华美艳丽工艺复杂的项饰与胸饰更是高度体现了拉萨人民对天然宝石的喜爱之情。在拉萨，你几乎找不到一件没有天然宝石的项饰与胸饰。

自古以来，生活在高原的西藏人民就与石头结下了不解之缘，从出土的石器时代的各种打磨器具，到今天随处可见的摩崖石刻、玛尼石堆等，足可以看出，石头与藏文化密切相关，影响着一代代藏族百姓的生活习俗与宗教信仰。而在所有的天然石头中，宝石是西藏人民最珍爱的"石头"。那些稀

有珍贵的石头品种被赋予神圣的宗教意义，被人们当作圣物供奉和佩戴在身，既是身份的象征，又赋予其美好的祈愿，是一种精神寄托。

佩戴天然宝石最佳的方式，就是把它们制作成精美的项饰与胸饰，是充满圣洁气息的护身符，也是绝美的装饰品。

在拉萨，最常见的一种胸饰，名为"嘎乌"，除了具有装饰作用，也是被大家公认的护身符。通常，作为护身符佩戴的嘎乌，用金银制成圆形，中心装有小镜，内放活佛照片或圣物之类，具有护身作用，男女都可佩戴。还有一种造型的嘎乌，制作十分精细，通常为八角形或半圆形，金银錾花，表面镶嵌绿松石等天然宝石，佩戴在胸前即可保佑平安。嘎乌更是多彩的装饰，十分受女性宠爱。

还有一种常见的藏族妇女胸饰，更是汇聚了大量的天然宝石，名为"欧斗子"。这是一种以银为材料制作的大圆盘，通常直径有20～26厘米，中间镶嵌红色的玛瑙石，四周镶嵌八颗白色的天然宝石，空白部分绘吉祥图案，多为八宝、八吉祥。"欧斗子"由布质的"护身符"演变而来，发展到今天，它不但有护身的功能，更是精致华贵的装饰品。

走在拉萨街头，不论外地游客还是生活在当地的人们，对于藏族饰品总有着美好的向往与喜爱。镶着玛瑙的银"欧斗子"是藏族女性最喜爱的配饰之一，而用各种各样天然宝石制作而成的项链更受广受男女老少的喜爱。

繁复多彩的项链通常被一串一串戴在同一个人的脖子上，一颗颗玛瑙、珊瑚、天珠、蜡贝、绿松石珠等天然宝石，串起一串串闪闪发光的项链，它们独立成串或者互相搭配，垂于胸前，华丽无比，惹人遐想。

在以前，佩戴层层十分华丽的珠串是拉萨女子的心头之爱，男子则喜欢佩戴简单的项饰，通常由一个天珠和两个玛瑙组成的项链是他们的不二选择。随着时代的变化和发展，人们的审美与追求也在变化，在如今的拉萨，你可以看到很多男子也佩戴着多串项链，而他们的项链上，必然不会少的宝石之一就是充满神奇色彩的天珠。西藏先民认为，天珠是神创造的超自然之物，其意为庄严、富足、美好、高贵、优雅等等。直到今天，西藏人民依然普遍认为，天珠是神仙佩戴的具有殊胜法力的珠宝饰物，可以帮助人们逢凶化吉，所以，将天珠做成项饰佩戴可以祛病消灾，遇难成祥。

人们崇尚天然宝石，更将它们视作神圣之物，用一颗虔诚的心去供奉和佩戴那些天然宝石，也正因如此，拉萨的配饰才会如此丰富多彩而又圣洁美好，代代流传，形成独具特色的配饰文化。

● 精雕细刻的手饰 ●

在拉萨，人们从头到脚佩戴在身上的各种饰品，是数不过来的精彩绝伦，更是充满神秘色彩、直达心灵的民族文化。叮当作响的头饰，华贵艳丽的袍服，美妙精致的胸饰、腰饰，每一种点缀于身的饰品，都传达着人们对幸福生活的美好祝愿和追求，也传达了人们对先民的敬仰和对神圣而不可侵犯的藏族历史文化的尊敬。

在所有藏族饰物中，最为精巧的要数手饰了。在拉萨，常见的手饰主要有手镯和戒指。

西藏人民制作手镯的灵感来源于古老的青铜时代，所以，从青铜手镯到琉璃镯、象牙镯、金银镯、料器镯，甚至由树藤制作而成的藤镯，都曾在西藏被发掘出来，而这些手镯，对于藏族人民来说，既有装饰的作用，亦可以作为护身符的一种。

从远古走到今天，藏族人民手腕上的风景，经历了多彩的变化发展，青铜、琉璃、象牙等稀有材质制作的手镯，因造价太高、原料越来越稀缺等，逐渐退出日常佩戴的圈子，金银手镯则逐渐占据了主导地位，如果你稍稍留意，就会发现，身边

随处可见精巧的金银手镯。最初的银手镯，出自云贵的白族银匠，他们久居拉萨打制银活，其打制的银镯样式花哨，银含量高，深受当地人民喜欢。

一枚小小的手镯，需要经过极为精细的打制，匠人会花费很长的时间去雕刻富有深刻寓意的图案并镶嵌好看的红玛瑙或者绿松石。在唐代以前，西藏手镯上雕刻着多种多样的图腾，有太阳纹、连珠纹、绳纹、鹰纹、蛇纹等。唐代以后，受佛教与密教的影响，手镯上出现了卷草、如意云纹、金刚杵、龙、蝎子等图形，这个时期的人们佩戴手镯，更多是为了护身保平安。随着时代的发展，手镯在原有的护身功能上，更多了装饰的作用，人们佩戴不同雕花纹路的手镯，是为了与自己的各种服饰搭配，多样的手镯成了集护身符与装饰物于一体的精巧艺术品。卷草、如意云纹、六字真言等内容也成为大家最为喜爱的刻纹。

除了金银打制的手镯，在拉萨，常见的手腕配饰还有用玛瑙、松石、珊瑚、青金石、砗磲、玉石、檀木、蜜蜡、琉璃等材料制成的大珠单圈手链，或者用这些材料制成的小颗粒珠串，通常由108颗串成，被当作"佛珠"，可以在手腕上绕三到四圈。

戒指也是拉萨人民极为喜爱的手饰，戒指与耳饰材料基本相同，也为金银制作，雕刻粗犷大气，镶嵌红玛瑙、绿松石等天然宝石，个头一般比较大，戴在手指上十分显眼。

藏族饰品在宗教氛围的熏陶之下，无论从内涵还是形式上都带有神秘的宗教色彩，不管是天然宝石的镶嵌，还是刻纹内容的选择，无不显示着藏饰的独特与神秘，它们独特的魅力给人视觉上的享受，更令人爱不释手想要拥有，想去了解更多。藏族饰品充满野性又不失优雅，随心随性又蕴含丰富的宗教色彩，神圣崇高又不失时尚，这是一种无与伦比的配饰文化，更是容易让人上瘾的民族文化。

第二章
雪域高原，生态美味

发源于念青唐古拉山南麓的拉萨河，东西长约551千米，一路经过拉萨，滋养灌溉着这座城市。在拉萨河谷有着平坦的牧原、丰富的水草，成就了这里发达的畜牧业。拉萨农牧区在终年日光沐浴和河流的滋润中，孕育出了天然原生态的高原美味，不论是茶、酒，还是牛羊肉，来自高原干净的天空之下，来自纯净的土地之上，光是想想，就已让人食指大动。

● 一锅糌粑粥，两个拉萨人 ●

当清晨的阳光在波光粼粼的拉萨河上闪耀出晶莹的色彩，勤劳的拉萨人就伴着山川河流草木泥土的芬芳开始了一天的忙碌。

袅袅升起的炊烟在清晨的薄雾中伴着朝阳渐渐散去，随之而生的，是幽然飘到窗户外面，勾出无数馋虫的饭香。

拉萨人的一天，是在热腾腾香喷喷的糌粑香里开始的。一碗香气扑鼻的糌粑粥，蕴含着丰富的食材与营养。冒着热气的锅里，是提前备好的骨汤，加入自己喜欢的佐料和萝卜丝等，然后放入早已制作好的糌粑，锅开稍煮片刻，香气四溢的糌粑粥便可以出锅。趁热喝上一碗，暖心解饿，舒畅无比。

说起糌粑粥，在老一辈的拉萨人中间，一直流传着这样一个动人的故事：相传，在很久以前，有个古董商人在山里迷了路，饿了三天三夜后终于遇到一户人家。这是一户十分清贫的人家，家徒四壁，伙食简单。商人寻到时，这户人家正准备早餐。锅里冒着热气的，正是用奶渣煮的糌粑粥，饥肠辘辘的商人闻着糌粑粥的香味，食指大动，于是他提出要买下锅里的糌粑粥。清贫的住户拒绝了商人的买卖。饥饿无比的商人感到了前所未有的绝望，失

望之下正欲离开时，住户从他的神态里看出了他的处境，主动邀请商人一起分享了糌粑粥。糌粑由实实在在的谷物制作而成，几碗下肚商人顿觉精神百倍。当他再次提出要付钱时，又一次被住户拒绝了。在住户心里，糌粑不是用来买卖的，它可以用来款待客人，但不能用金钱来衡量。

一锅糌粑粥，一对朴实的拉萨人，一段佳话里，是拉萨人对糌粑满满的尊敬，更是拉萨人对食物最淳朴的珍重。

糌粑是拉萨人民天天必吃的主食，更多时候，人们喜欢就着奶茶吃糌粑。因为糌粑本身就是熟的，它的原料是炒熟的青稞磨成的面粉，食用时用酥油茶、奶渣、糖等搅拌制作成小团，即可入口。类似于北方的"炒面"，食用方便，味道馨香。糌粑营养丰富、热量高，是生活在拉萨的人们御寒充饥的最佳食物之一。

风吹过念青唐古拉山，勤劳的拉萨人伴着日出日落送走收获满满的一天，再迎来新的一天。携带方便、食用简单的糌粑，便在这日升日落的循环里，成了西藏人民出行的必备食物。不论严寒酷暑还是风霜雨雪，只要兜里有糌粑，就不用担心会饿肚子。一个简单的小木碗，一点茶水，无须生火做饭，便可以很快吃上香喷喷的糌粑，一扫饥饿带来的疲倦。

时光在拉萨的大街小巷留下深深浅浅的印迹，与这座城市一起走过无数岁月的，有勤劳的拉萨人民，有四季吹来的不同的风，有来来往往的脚印，还有一直萦绕在空中，永不消逝的糌粑香。在与时光的赛跑中，糌粑陪着人们勇往直前，一路而去。在岁月的雕刻与沉淀下，人与糌粑早已成为密不可分的伙伴。一口糌粑，一生陪伴！

● 三月的祛瑞赛虫草 ●

三月的拉萨，风还有些微的寒冷，日光初升的早晨，漫步拉萨河边，一路走去，你会发现，春天正在悄悄走进拉萨，悄悄来到你身边。去岁枯荣的野草丛里，悄然冒出了嫩绿的草尖，缓缓流淌的河流呈现出柔软的姿态，远处的雪山斑驳出深深浅浅的印记，拂面而过的风虽有冷意却又夹杂着一丝温柔。拉萨的春天就这样携着微冷的风，迈着缓慢悠然的步伐，悄悄地来了。

在每一个被阳光和糌粑香唤醒的早晨，食物与人之间的联系便如同空气与阳光，开始了新的创造与古老的延续。大多数时候，人们喜欢就着热气腾腾的酥油茶，吃团好的糌粑，在酥香的气息里储藏一天劳作需要的能量。一块块小小的糌粑团下肚，满满的能量便逐渐充实了身体。一年四季，时光就在这样简单而幸福的重复中走过，糌粑的香味飘荡在拉萨的空气中，数着一个又一个日出日落的光阴。就在这长长短短的日子里，冬去春来，祛瑞伴着春的脚步，悄然出现在了人们的餐桌上。

春风凛冽的清晨或春寒料峭的夜晚，烧一锅暖汤来热身，是最好不过的。开火上锅，在锅中加入适量清水，烧开后，加入备好的肉片、面粉、干辣椒、盐巴，再加入前一年便制成的祛瑞小块，用文火慢煮成浓汤。同时，再架一口锅，加入清水，放入压碎的麦片或青稞片，用大火煮熟后，倒入正在煮着的浓汤中，搅拌均匀，继续用文火烹煮，直到香气溢满屋子，飘出窗外，直到腹中馋虫跃跃欲试，关火盛出，配上团好的糌粑一起食用，任谁，都会忍不住赞叹一句："人间美味啊！"暖暖的祛瑞浓汤与喷香的糌粑一起，成为拉萨初春最暖的餐食。祛瑞浓汤味道甘甜，一碗下肚肠胃里就会充满暖暖的热流。初春的薄寒便在这祛瑞的浓香里消散无踪。

祛瑞是拉萨人民春天里最喜欢的美味之一，想要在初春享用这样的美味，需要在前一年就做准备，不过，其制作方法并不复杂。在前一年的夏天，人们将鲜奶酪装进皮袋里，放置在阴凉的地方，在经过漫漫的夏日与寒冷的冬天后，闷存在皮袋里的鲜奶酪就发酵成了奶渣。春天到来，人们取出皮带里的奶渣，捣碎成小圆块备用，如此，美味的祛瑞便制做成了，是藏族家家户户春天必不可少的美食。

在西藏，有一种十分名贵的药材叫冬虫夏草，其养生功效备受追捧，价格也连年攀升，一直很受全国各地群众的欢迎。但是西藏人民却并不十分热衷吃虫草。在他们看来，制作方便又美味的祛瑞，才是最佳的养生食物。祛瑞由奶酪发酵制成，很好地保留了原有的营养价值，浓缩了奶酪的精华，不光可以补钙，更是补肺润肠、提高免疫、促进代谢、保护眼睛、营养皮肤的佳品。乍暖还寒的三月，煮一锅祛瑞浓汤，再就着吃几个糌粑团子，收获一身的温暖与健康，哪里还惦记什么金贵的虫草。有道是，三月的祛瑞赛虫草，那一缕缕飘荡在空中的祛瑞香气便是最好的说明。

● 酥油茶，西藏的味道 ●

每个人心中都有一个西藏梦，每个人心中的西藏都有不同的形象，有人说，西藏是蓝色的，因为那里有世界上最干净的蓝天；有人说，西藏是白色的，因为那里有常年不化的雪山；有人说，西藏是飘满了牛羊肉香的美食圣地，因为那里有吃不完的牛羊肉；也有人说，西藏是一个人人都爱喝茶的地方，因为那里有随处可见的甜茶馆，家家户户都有喝酥油茶的习惯。西藏的颜色是蓝天白雪的颜色，西藏的味道是牛羊肉和酥油茶的味道。西藏在不同人的心里，有着不同的感受与印象，而每一个到过西藏的人，最先品尝的便是当地各种各样的美食小吃，而在所有的食物饮品中，最具西藏代表性的，就是家家户户都会喝的酥油茶。

在拉萨，酥油茶是人们日常生活离不开的饮品。当刺骨寒风吹透脚下三尺冻土，喝一碗暖暖的酥油茶，驱散一身寒气，从头到脚都能迸发出温热的力量。当外出劳作的人们辛苦一天带着饥饿与疲惫回到家时，喝一碗酥油茶，浓浓的酥油香带着满满的能量，能够快速扫清饥饿，为人们补充能量。此外，酥油茶还可以帮人们赶走困乏之感，使大脑保持清醒。

整个西藏地区包括拉萨在内，人们的饮食结构主要以肉食乳品为主，由于环境限制，蔬菜水果摄入比较少，酥油茶中富含的维生素充分弥补了果蔬不足的遗憾。以茶佐食成了西藏地区人们餐餐必不可少的配置。

西藏地区天然的生态环境造就了以牛羊为主的生态结构与饮食构成。制作酥油茶的酥油，便是从牛羊奶中提炼而来。最原始的提炼方法，是将牛羊奶加热后，倒入木桶中，用特制的木棍上下抽打，伴着浓浓的奶香抽打上百次后，桶里的奶汁会出现油水分离的状态，将表面浮起的黄色脂肪盛出灌入皮口袋，冷却后便得到了酥油茶的主料：酥油。

而要制成口感美妙的酥油茶，还需要进行更进一步的操作。把准备好的茶叶或砖茶在锅中用清水煮成浓汁，将煮好的茶水倒入酥油茶桶中，放入制好的酥油和食盐，然后开始用木棍在桶中上下抽打、搅拌，直到油茶交融，这也是为什么制作酥油茶会被称作"打酥油茶"。抽打好后，将融合在一起的酥油茶倒进锅中加热，也可以加一些自己喜欢的香料，随着香气缓缓从锅里溢出，美味的酥油茶才算是完成了全部工序。

由于配料多样，制好的酥油茶喝起来滋味丰富，咸里透香，微微的甘甜中有淡淡的咸，让人是越喝越上瘾越离不开。就这样，酥油茶陪伴着拉萨人民走过了冬夏春秋，抵御风寒，送走疲惫，扫除饥饿，补充营养，在漫长的岁月里也渐渐征服了越来越多外地游客。

在西藏人民的生活中，流传着这样一句俗语"宁可三日无粮，不可一日无茶"。可见茶在西藏人民心中有着多么重要的位置。这主要是因为，在大家的心里，茶叶不仅仅是茶叶，它还被当作圣物，常和经书、珠宝一起被装进新塑成的佛像中，并经活佛加持开光，这样，这尊新佛像才有了灵气。此外，在拉萨，很多人的家里，会收藏家里世世代代获得的圣物，其中，有一件重要的藏品就是茶叶。

行走在拉萨，喝上一碗浓香四溢的酥油茶，感受绸缎般的润滑口感，体味乳香与茶香的美妙结合，在绵绵回味中，缓缓闭上眼睛，做一个与拉萨有关的梦，梦里，是厚重的茶香，滋润着五脏六腑，滋润着这一方水土上的所有生灵。

● 喝茶有讲究，小心"一碗成仇" ●

有首唱西藏的歌，其中有句歌词是这样的"无论客人哪里来，请喝一碗酥油茶"，短短的一句歌词，唱出了藏族人民的热情好客，也唱出了酥油茶这种极受西藏人民重视和喜欢的饮品是待客必备。酥油茶在西藏人民心中有崇高的地位，用来招待来家做客的客人，是对客人的欢迎与重视。

走进拉萨，走进好客的人家，不论这户人家是贫是富，你都会第一时间发现，在这里，几乎家家户户都会放置大量花色不一、款式丰富的茶碗，这些茶碗绝大部分是用来喝酥油茶的。由于他们一日三餐都离不开酥油茶，因此对于茶具也有很认真的讲究。一般男士使用的茶碗，碗体稍大，碗口外延，是十分大气的敞口碗。而女士使用的茶碗则稍微小一些，碗口和碗肚的直径基本相同，看上去内敛而秀气。西藏人民的茶碗一般是木质的，每位家庭成员都有专属自己的茶碗，碗的外形和大小都会有男女长幼的区别。一些比较讲究的家庭，会给木碗包上纯银的底座和内皮，条件再好一些的家庭，还会给茶碗配上镂刻有精美图案的纯银盖子，富足的人家更为讲究，他们会使用玉质镶金包银的茶碗来喝茶。此外便是不同花色的各种茶碗，专门为来家做客的客人准备，不同的花色是为了避免在喝茶过程中混淆茶碗。可见西藏人

民喝茶的讲究与细心。

去西藏人民家里做客，如果你稍微留意一下，就会发现，主人与客人的茶碗是不同的，主人的茶碗基本都是木质的，但客人的茶碗却大多数都是瓷碗。这主要是因为瓷碗便于清洁，使用体验也比较好。

去西藏人民家做客，在喝酥油茶时，有一些注意事项一定要记住，如此才能更加愉快地与主人交流互动。

当你走进这些好客的西藏人民家中，被让座到藏式方桌边时，主人会为你拿过一只好看的瓷茶碗，置于你面前的桌上。然后他们会提起酥油茶壶，轻轻摇晃几下，使壶中的酥油茶混合均匀后，倒入碗中。如果你细心观察，会发现，他们在倒酥油茶时，会十分注意不让壶底超过桌面，这是主人对客人的尊重。刚倒入碗中的酥油茶不能立刻端起就喝，客人要先与主人聊天。直到主人再次提起茶壶来到你面前时，你才可以喝。具体的步骤是，先将盛满酥油茶的茶碗端起来，然后用无名指沾少许茶汁，朝空中弹洒三次，代表着将酥油茶奉献给神、龙和地灵。弹完后，低下头在茶碗里轻轻地吹一圈，把浮在碗中的油花吹开，然后轻轻呷上一口，并对着主人赞美："这酥油茶打得真好，油和茶分都分不开。"主人听到你给出的赞美会十分开心。慢慢喝上几口后，将茶碗放回桌上，主人会立刻再给你添满。如此，一边喝，一边添，一边愉快交流，主客之间的互动在酥油茶的香气里营造出了良好的氛围。

但是，在做客喝酥油茶时，有一点需要特别注意，要牢记于心。作为客人，主人给我们倒满酥油茶时，不能一口气喝完，要慢慢品饮，不可以一饮而光，一定要留下一半左右，等待主人继续添满再喝。客人也不能只喝一碗就拒绝主人继续添加的好意。如果一口气喝光了主人为你倒的第一碗酥油茶，就意味着你对主人有嫌隙之心，不愿与他继续交谈相处下去，在主人的心里会引起极大的不愉快。在拉萨有句民谚叫"一碗成仇人"，说的就是只喝一碗酥油茶的行为，一碗喝光，不再继续，很有可能会成为情感出现裂缝的导火索。边喝边添，是去西藏人民家里做客时喝酥油茶的最佳节奏，一般大家以喝三碗为吉利，并且每次都不要一口喝完。

生活在拉萨的人们都十分热情好客，在做客交谈的过程中，他们会不断地将你的茶碗添满，如果喝过三碗后，你不想再喝，就不要再动被倒满的茶碗，一直满满地摆着就好，准备告辞时，你可以端起茶碗，连续喝上几口，表示喜欢以及感谢主人的热情款待。但一定要记得，这个时候的茶碗也不能喝干，一定要留一个漂着油花的茶底。如此，才符合西藏人民的习惯和礼貌。

这些小小的细节，正是藏族人民千百年来形成的独有文化，于微小之处，显示出西藏人民对茶文化的传承与信仰，将茶的内涵发展到了极致，是中华茶文化中必不可少的精彩部分。

● 敬你一碗青稞酒 ●

发源于念青唐古拉山南麓嘉黎里彭措拉孔马沟的拉萨河缓缓流淌，年均长达3000小时的日照在肥沃的河谷冲积平原上创造了神话。这里地势平坦，土质较厚，充沛的水源和光照孕育出了颗粒饱满的青稞。人们将闪着光泽的饱满青稞淘洗干净，滤干净水后，放入平底锅中加水烧煮，煮熟后晾去水汽，与发酵曲粉末一起搅拌均匀，装进坛子里密封。在期盼中送走大约三次日升日落，青稞酒便诞生了。

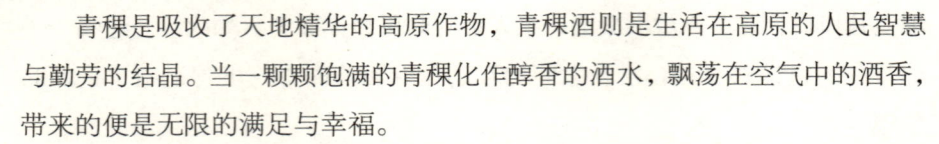

青稞是吸收了天地精华的高原作物，青稞酒则是生活在高原的人民智慧与勤劳的结晶。当一颗颗饱满的青稞化作醇香的酒水，飘荡在空气中的酒香，带来的便是无限的满足与幸福。

无论是远在他乡的拉萨游子，还是远道而来到拉萨旅游的游客，无论是世世代代生活在这片土地上的人们，还是匆匆而过、在人来人往的街头暂停片刻的过客，只要曾在拉萨的土地上走过，生活过，便再难以与这醇香的青稞酒割舍。

如果你曾在拉萨度过一段时光，就一定会对醇厚绵甜的青稞酒念念不忘。

青稞酒是拉萨人民饮食文化的一个重要组成部分。据史料记载，1300多年前，文成公主嫁给松赞干布时，用的迎亲酒就是青稞酒。而文成公主带来的酿酒师和酿酒工艺，又进一步促进了青稞酒的改良酿造和传播。

青稞酒，酥油茶，在一代代藏族人民的传承之下，成为最具代表性的西藏饮品，也是拉萨人民待客的必备佳品。

如果你去西藏人民家中做客，主人除了会倒上柔滑美味的酥油茶招待你，

更会拿出酿造好的美味青稞酒与你分享。

"我酿造了这清凉美味的青稞酒，就是为了招待亲人，它能助您健康，为您提神；愿您旅途平安，前程似锦。"当你在拉萨，去当地居民家中做客，听到有人唱起了这样的歌曲，不要意外，做好喝酒的准备吧！这是藏族家庭在招待客人敬酒时，常会唱的劝酒歌，主人边唱边跳，端着酒碗来到你面前。你要痛快接过酒碗，享受这充满善意的醇香。如果你不接过主人手中的酒碗，对方就会一直唱一直跳，直到你接下并饮用。

拉萨人的热情如同拉萨常年可见的日光，淳朴的暖意与热情尽在酒中。主人向客人敬第一碗酒时，客人要端起酒碗，同时，就像喝酥油茶前一样，先用右手无名指尖在酒碗中轻轻沾上一点青稞酒，然后对着空中弹洒三下。弹完就可以开始喝了，一般主人会向客人敬"三口一杯"酒，客人需要连续喝三口，每喝一口，主人就往酒碗中添一次酒，前两次可以每次都少喝一些，也可以都喝完，但不能一点都不喝。当主人添完第三次酒时，客人要一口将这碗酒全部喝光，表示对主人的感谢与赞美。

青稞酒的魅力在于其清香醇厚的口感和绵甜爽净的味道，就算喝了很多，也不会上头或者口干。在纯净的雪山下，在清冽的泉水中，在拉萨人民精湛的酿造技术里，青稞酒以其独特的风格传承数百年而兴盛不衰，它像雪山一样让人神清气爽，像拉萨的日光一样给人温暖与力量，它是高原明珠，更是酒林奇葩，是流淌在雪域高原经久不散的高原酒文化！

● 藏餐食肉的禁忌 ●

蓝天白云，青草碧水，牛羊成群，牧人高歌，这是属于北部草原南岸的美丽景象。从念青唐古拉山南麓缓缓流淌而来的拉萨河，在林周唐古以上河谷呈现出"V"字形，而继续流淌到墨竹工卡一带，河谷逐渐变得宽阔，开始出现了大大小小的河心漫滩，这些漫滩植被丰富而茂盛。河流两岸也出现了宽阔的草地，由于受到拉萨河的滋润，这里的植物鲜美茂盛，是天然的肥美牧场，这里牧业兴旺，盛产牛羊肉类、酥油、牛绒、羊毛等作物。

拉萨得天独厚的地理位置与气候，造就了当地人民与众不同的饮食习惯。

生活在这里的人们，普遍喜欢吃肉，而且以牦牛肉、绵羊肉为主。人们在吃肉时最是讲究新鲜，牛羊宰杀之后第一时间便会被剁成大块，放入锅中炖煮，以便能品尝最鲜嫩可口的味道。牛羊的宰杀一般都在初冬，这个时间的牛羊正肥，宰杀后也便于储存。宰牛时会先将牛闷死，然后再分割。杀羊则要先绑住其四条腿，然后再下刀。对于牛羊肉，在拉萨，牛羊肉最常见的吃法有生吃、风干吃，以及煎、炒和炖煮。其中，最经典的做法便是风干肉。拉萨海拔高，气候较冷，被切割好的肉条在寒风与白雪的洗礼中渐渐风干，做好的风干肉可以长期存放而不变质，成为家家户户都会储藏的食物之一。

西藏人民喜欢吃肉，但并不是什么肉都吃。他们喜欢牛羊肉，但是绝对不吃马肉、驴肉，也不喜欢吃山羊肉，而狗肉更是被西藏群众深恶痛绝的，如果有人骂别人"吃狗肉的"，那是非常严重的责骂了。老一辈的拉萨人一般还不吃鱼肉，这与当地人虔信佛教、忌讳杀生有关。并且，在西藏人民的信仰里，鱼往往被认为是龙或水神的化身。

西藏人民吃肉时通常不使用筷子，他们会将大块的肉盛入盘中，用刀子割食。等你去西藏朋友的家中做客时，就能体验到这别样的吃法了。

当热气腾腾的大块手抓肉被热情好客的主人端上桌面，饕餮盛宴就此拉开帷幕。出于对客人的尊重与重视，盘里的手抓肉中会有羊脯"胸叉"以及羊臀带羊尾巴的"仓拉"，而且羊尾巴上还带着一撮毛，这代表着主人与客人的交往有头有尾，善始善终。在大家开始吃手抓肉时，主人会先给客人献上"胸叉"以及"仓拉"位置的肉，来表达自己的赤诚与庄重。作为客人，你要一手拿刀，一手抓肉，然后慢慢切成小块进食。

在用刀割食手抓肉时，要特别注意在与西藏朋友相互传递刀时，一定要将刀把朝着对方，千万别用刀刃朝着对方，这是吃手抓肉时的大忌，也是平时待人接物需要注意的事情。

在拉萨，餐桌上的美食除了手抓肉还有酸甜可口的酸奶子、蕨麻米饭等等，在愉快地享用完美食之后，要特别注意，不要将吃剩的骨头以及餐巾纸等废品投入炉灶里。因为灶神在当地人民的心中，是最爱干净的神灵，所以，切记吃剩的肉块骨头不要投入灶火中，以免触犯神灵。

不要以为拉萨人民喜欢吃肉就会天天顿顿吃肉。由于大部分拉萨人民都信仰佛教，而藏历的每月初八、十五、三十日为藏传佛教的吉祥日，在吉祥日里，人们是不能吃荤的，也不可以沾染血腥。一些重大的宗教节日期间更是如此，要全天吃素，远离腥荤与杀生。

也许喝酥油茶的讲究让你觉得严肃，喝青稞酒的程序让你觉得神圣，在吃肉时又会有各种各样的说法与禁忌让你不得不小心翼翼，但是，所有这些礼仪与禁忌，这些对小细节的讲究与传承，无不彰显了拉萨人民热情忠厚、好客文明的特点，更是其拥有崇高信仰、心灵虔诚的体现。

第三章
古城拉萨的建筑与居住习俗

时光的痕迹在拉萨留下了最深刻的记忆,早在四五千年以前,这里便有了人类活动的迹象。在岁月的长河里,在恶劣的环境与季节的变化中,人们一路摸索,一路改良,发明创造了适合这个地区的建筑。人们与自然和谐相处,伴着季节修整居住条件和居所位置,久而久之,拉萨就形成了自己独有的建筑文化与居住习俗。

● 以帐篷为屋,逐水草而居 ●

1984年11月,考古专家对拉萨市北郊曲贡村北面的曲贡村遗址进行了挖掘研究,之后1990—1992年又进行了三次抢救性发掘(曲贡遗址在1991年被评为中国十大考古发现之一)。通过发掘研究,人们在这里发现了大量石器、骨器、陶器,以及精美的骨针,这是西藏境内第二处经过严格科学调查和试掘的新石器遗址。

从出土文物和发掘现场可以看出,这里曾是原始人长期生活的居所。在众多出土物中,还有不少石磨盘、石铲等农业工具,代表这里农业经济的发展,而大量的网坠、骨镞以及灰坑中出土的兽骨,又证明曾生活在这里的人们渔猎活动也比较频繁。所有的这一切都向人们诉说着早在四五千年前,这里就已存在农牧活动。

在拉萨河谷平原一带,先人们靠着勤劳的双手和智慧,开拓肥沃的土地,发展农业、畜牧业,他们择草而牧、择水落帐,在这片土地上创造了辉煌的文明。生活在牧区的人们,没有固定的居所,所以,他们的住所都是结构简单、拆装简易,方便搬迁的帐篷。

随着季节和水流的变化,人们与牛羊群一起,从一个草场迁移到另一个草场，帐篷是牧民生活里流动着的港湾。美丽的拉萨河谷草原，是牧民心中的天堂，一顶顶帐篷支起一个个温馨的家庭，帐篷外是广阔的天地、肥美的水草，帐篷里是暖暖的酥油茶和糌粑，是家的温暖与味道。

在很久以前，牧民们居住的帐篷，是一张完整的牛皮，人们把它撑开，中间用棍子撑起，即可居住，到后来，人口逐渐变多，一张牛皮不够用，于是，出现了由几张牛皮一起缝制的比较大一些的帐篷。随着手工业的发展，人们学会了纺线编织，于是，帐篷越来越完善舒适。

在拉萨河谷，出现过各式各样的帐篷，方形、长方形、椭圆形等等，所有帐篷基本都取材于牧民们所养的牛羊的皮毛，其中牦牛毛皮最受欢迎。帐篷顶部的形状也各不相同，有翻跟斗式、马脊式、平顶式、尖顶式等种类。在这一带，常见的帐篷主要有牛毛帐篷，简称黑帐篷；羊毛帐篷，简称白帐篷；还有用厚布制成的"黑顶"或"花帐"帐篷以及普通的布帐篷。在这片草地上生长的牛羊，肉质鲜美，皮毛质优良，用牛羊皮毛制作而成的帐篷保暖性极好，也十分防水。帐篷的大小取决于家庭成员的多少，基本原则是够用就好，但也会有一些十分巨大的帐篷，可以容纳上百人，主要用来聚会和举办一些多人参与的活动。

拉萨地处喜马拉雅山脉北侧，受下沉气流的影响，全年多晴朗天气，年日照时数 3000 多个小时，冬春寒冷干燥，夏季光照很强，而牧民们居住的

帐篷根据季节的变化，会分为冬帐篷与夏帐篷。冬帐篷一般用牦牛毛编织而成，先要编织几块比较宽厚的深棕色或黑色、白色的毡条，然后根据计划好的尺寸缝织起来，用立架或支柱撑起缝好的毡条，再在帐顶系好牦牛绳，用木桩或牛羊角桩锚钉将四周牵牢，冬帐篷便搭起来了。帐篷内部顶高在1.6米到2米，帐篷顶部一般都会留有天窗，以供通风采光。夏季的帐篷则比较轻便，一般使用白布帆布、藏布织成，四周用黑褐色或藏蓝色的布做装饰。一些用作特殊活动的大型帐篷还会有特殊的装饰，一般饰有工艺精湛的吉祥八宝、五福捧寿、白云点狮、六道轮回等图案。

　　蓝天白云，草场青青，一个个拔地而起的各式帐篷点缀于天地间，成为西藏地区一幅又一幅美轮美奂的风景。不要以为这些帐篷是随意搭建的，搭建之前的选址，都是经过仔细谨慎考察决定的。搭建帐篷通常要选在水草丰富，便于放牧的地方，在拉萨牧区流传着这样的选址经验，"东如开放，南像堆积，西如屏障，北像垂帘"，"靠山高低适中，正前或左右有一股清泉流淌"。地址选好后，开始搭建，帐门要遵循祖先传下来的习俗惯制朝东，固定好帐篷后，很多人家为了阻挡风雪，会在帐篷内用草皮砌一圈高约1尺的矮墙，或者在帐篷外用草皮或牛粪围一圈1米多高的矮墙来提升保暖性能。

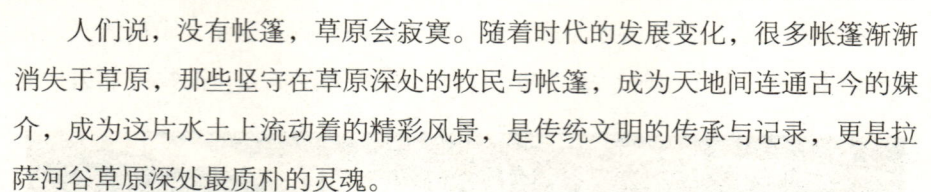

　　人们说，没有帐篷，草原会寂寞。随着时代的发展变化，很多帐篷渐渐消失于草原，那些坚守在草原深处的牧民与帐篷，成为天地间连通古今的媒介，成为这片水土上流动着的精彩风景，是传统文明的传承与记录，更是拉萨河谷草原深处最质朴的灵魂。

● 黑帐篷，游牧文化的历史内涵 ●

　　美丽的拉萨河自念青唐古拉山而来，像嵌在山川草地上的一根银弦，淙淙流淌，一路而去，滋养出丰润的拉萨河谷。在这片水草丰美的土地上，牧民们伴着一顶顶帐篷迎来一个个水草茂盛的季节，世世代代生活在这里的人们，对帐篷有着十分特殊的感情。每到盛夏，人们会纷纷行动，来"翻新"自己的帐篷，或再支一顶新的帐篷，或给原来的帐篷替换绳索，或里外翻过来，或在内部和外围添加一些装饰。在"竣工"那天，人们会举行名为"帐宴"

的小型庆祝活动，帐篷的主人会邀请自己的亲朋好友或远道而来的客人来参加这个庆祝会，一起品尝美味，载歌载舞。

几千年来，对于过着游牧生活的西藏人民来说，帐篷就是温暖的家，就算是部落的首领，也住在帐篷中。各式各样的帐篷与人们的生产和生活关系最为密切，在众多帐篷中，最为常见也最实用的，要数黑牦牛帐篷，这也在一定程度上反映了游牧文化的历史内涵。

制作黑牦牛帐篷的原始材料是一种名为"日雅"的，即用牦牛的长毛织成的粗氆氇，每张粗氆氇的宽度在30厘米左右，长短则由帐篷的大小决定。把几张"日雅"缝制在一起，然后拼接为两大片，在这两大片相接的地方留出约60厘米的空隙，人们一般将这个空隙安顿于帐篷的顶部，做成天窗。天窗的作用是通风和采光，人们会在天窗上盖一块布，晴天打开可以采光，雨天以及晚上再盖上，这样就能够防止雨水和冷风进入帐篷。在篷顶和四壁交接的地方，人们会在四角和四边的中部各缝一根长绳，这八根绳子被称为"琼塔"，"琼塔"的长度在七米至十几米不等，一般是结实的牛毛绳或牛皮绳。帐篷四壁的底部，隔三四十厘米就会装上一个小绳扣，用它们来牵钉橛子，固定帐篷。可以用左右帐"壁"重叠合拢的地方充当帐篷的门，白天可以把一端撩起来，另一端始终固定着；也可以用一道可以掀开的帘子做门，进出时可以掀开。这种帐篷的平面为不规则的方形或长方形。由于支好的牛毛帐篷呈黑色，因此人们通常亲切地称之为"黑帐"，也有一些人家为了美观，会用白色的羊毛"日雅"做一条长长的宽带，一直从帐篷门铺到篷顶，然后再从篷顶延伸到后壁。这也是因为，在西藏人民心中，以白对白、以黑对黑相接是有所忌讳的。

素有"日光城"美誉的拉萨，属高原温带半干旱季风气候区，年日照时数在3000多小时，但在牧区雨水和大风天气却相对较多，黑帐篷防雨防雪，保暖防水，经久耐用，一顶好的帐篷可以用上几十年。黑帐篷还有一个很大的优点就是可以自由调整大小。如果家里添丁，人口增多，可以把"琼塔"绳朝下移，在帐篷底边再接上一截，帐篷内的使用面积就能扩大，如果家里有人外出，感觉不需要太大空间了，可以把"琼塔"绳往上移，帐篷就能够变小了。黑帐篷收放自如，搬运方便，早在千年前就已成为与牧民们关系密切的生活伙伴。

黑色的帐篷还有一个巨大的优点，就是在寒冷高原上能够充分吸收热能，是西藏人民在长期生产生活中"开发"出来的天然"太阳能集热器"，是西藏人民智慧的结晶。人们对黑帐篷的喜爱与珍惜，在用料方面表现得淋漓尽致。除了用牦牛毛织就粗氆氇来缝制帐篷，以前的人们用来支撑帐篷的竿子，也是用牛皮做的。把牦牛皮剥下后，割取沿脊背的一条，端直平放在沙子上，等晒干后，便硬直如铁足以撑起帐篷，绳子也是用牛毛做成的绳，支好的帐篷外面还会用牛粪饼垒成墙垣来阻挡风寒。可以说，一顶黑帐篷，对牦牛真是用尽了其可用之物。

　　有人说，牧民们能够听懂牦牛说的话，想来，这千百年来，人与牛之间，相依相伴，早已形成了旁人不懂的默契。牦牛和牦牛帐篷一起，成为牧民离不开的朋友，而它们也一起，铸就了草原上最灵动的魂魄。没有他们，草原便没有了生气；没有他们，草原将不再是草原。

● 从选址到乔迁的礼俗 ●

　　当年考古学家对拉萨曲贡史前遗址的发现与发掘，向人们提供了这样的信息：在西藏高原的南部腹心地区有远古人类的存在，根据当地远古墓葬的发现以及一批具有很高水平的器物的出土情况来看，还足以表明人们在这里已经长期定居生活了。一系列的考察告诉人们，在这片土地上，早在新石器时代晚期，就已经出现了最早的一批栖居人类，他们在这里生活，在这里安葬，在这里创造了属于自己的神话，也留下了很多很多神秘的习俗与文化。

　　西藏人民对于居所的选址以及建造和居住，都有自己流传了千百年的礼俗与禁忌，展现了我国藏族地区独有的文化特征。

　　在拉萨，从选址到最后落成、搬迁，都会有相应的仪式，常见的有：选址仪式、破土仪式、奠基仪式、"粗敦"仪式、立柱仪式、封顶仪式、竣工仪式、乔迁仪式、祭祀灶神的仪式和"康苏"仪式等。

　　一个温馨舒适的家是每个人心中的追求，而在哪里安家，是十分讲究的事情。在盖房前，人们会请喇嘛进行打卦卜算，来确定房屋选址的最佳方位和开工时间，房屋的基址以及朝向都十分讲究。地基位置选好后，喇嘛会推

算选出一个吉日，来举行破土仪式。破土仪式常与奠基仪式一起举行，在这一天，人们会请来喇嘛诵经和做法事。会设祭台，摆贡品，燃桑烟，并向土地神和龙神赎地基为己用，同时祈求人畜安康，风调雨顺。接下来便是奠基仪式，第一个挥起铁锹挖土的人，一定是经过挑选的，要生肖合适才可以，如果本家没有生肖合适的人，就需要请一位父母双全、家境殷实，而且五官端正的小男孩代办，然后主人家也要在宅基的四个角落象征性地挖几锹土，奠基仪式便算是正式结束了。

奠基仪式结束后，修盖房屋进入正式开工仪式："粗敦"。主人家需向修盖房子的工匠以及来参加"粗敦"仪式的乡邻献上哈达以及敬上青稞酒。同时，要在离宅基不太远的地方，选择一个比较明显的位置，竖一根带杈的木棍，挂上"经幡"，这根木棍和经幡的作用是，阻止人们的闲言碎语以及溢美之词。在拉萨人民心中，人言可畏，旁人嫉妒责难的言辞虽然十分不好，但过分的赞美与羡慕也绝不是什么好事。所以，插上这样的经幡，就是为了阻挡人言，来确保房屋的牢固和家人的幸福。

到此，建房之前的准备工作算是结束，房屋修建开始正式动工。这是一般的房屋在修建前的仪式，若是修建大型的房子，主人一般都会专门邀请喇嘛来主持开工仪式，在宅基的四个角落里要埋上红色的地气宝瓶，里面要装上青稞、小麦等五种粮食和五色绸缎，一些条件不错的人家还要放一些宝石在里面。埋宝瓶是为了祈求房基永固。

房屋开始动工后，建造一半后，准备上梁立柱时，要举行立柱仪式。仪式这天，主家的所有亲戚都要来参加。在仪式开始前，主家要准备一个小布袋，里面装上茶叶、小麦、青稞、大米等粮食和珠宝，然后放在立柱的石头下，再安放立柱。随后要在立柱与横梁的结合位置压放一些五色彩布，同时在横梁上面放一些小麦粒。所有这些做法都是为了祈求房屋永固，吉祥如意。放置后，来参加仪式的人们开始给每根立柱上拴挂哈达，并向主家送上祝贺语。而主家要准备丰富的饭菜酒肉来感谢建房的工匠们，并付给相应的薪酬。

立柱仪式结束后，工程继续进行，等到房屋即将盖好时，可以将封顶仪式和竣工仪式合并举行。封顶竣工这天，主家的亲戚朋友都会带着茶酒等礼物到场，大家象征性地填一填土，表示自己也参与了房屋的修建。等封顶后为主家献上哈达，恭贺新屋建成。在这天，主家要在新屋的主室里安置座位，提供丰盛的酒菜，来感谢为自己修建新屋的工匠师傅们，并为他们献上哈达，同时还要给每一位参与建房的人分送酬金以及礼物。而其他宾客也要向工匠们敬献哈达，也会向每根立柱献上哈达。

新屋竣工仪式在欢乐的庆祝中结束，何时搬迁入住，也很有讲究。

新屋乔迁要请喇嘛专门择算。确定好搬迁日期后，在正式乔迁的前一天，或乔迁当天早上，主家要带上一袋牛粪（牛粪需要特别注意，必须是牛前一年拉下的，经过一个夏天日晒雨淋后变白的，而且一定要保持完好无损的状态。城里的人一般可以去小昭寺旁买，农村的人则不缺，可以自己出去捡拾。每一袋牛粪五到八块钱）一桶水、一个装有茶、盐、碱等物的舂钵以及一张大成就者汤东杰布像去新房，同时还要把"五谷斗"先搬过去。所有的这些物品，都要拴挂哈达，代表吉祥。做完这些准备后，才可以正式搬家。

搬迁结束，住进新家后，要尽快举行祭祀灶神的仪式，家中的长者要为火灶献上哈达，把哈达拴挂于火炉、水缸上，同时要给佛像敬献哈达。祭灶仪式结束，新家安顿好后，主家还要举行至少3天的"康苏"仪式。主要需要准备大量的酒肉以及其他食物，要提前通知亲朋好友来参加。

在拉萨，"康苏"仪式第一天的活动主题是"祝贺"，第二天的活动主题是"欢庆"，第三天的活动主题叫"卓桑"。以前客人们参加这个仪式都

会带上酒肉礼物，现在多为礼金。客人到达后，要先为新居的佛龛、梁柱、水缸献上哈达，然后再给主人也献上哈达，同时要说一些祝贺的吉祥话。主人则要准备足够丰盛的菜肴来款待客人们。在这三天里，人们喝酒吃肉，载歌载舞，打藏牌、掷骰子，组织和参加各种娱乐活动，到第三天太阳快落山时，举行"卓桑"仪式。

"卓桑"仪式开始前，要在屋外的空地上用白粉画出一个大圆圈，在圈内画上各种吉祥图案，正中安放五谷斗、桑烟钵和酒坛。仪式开始后，客人们围成圆圈，主人为每位客人献上哈达，并敬"切玛"。而客人们都要抓一些糌粑粉在手上。这时，将准备好的桑烟点燃，然后，提前请来的领舞者，引吭高歌，唱起藏戏，并在前面领舞，众人尾随其后翩翩起舞。领唱者在高唱完藏戏后，大声呼"索，索，吉吉索索"，而跟在后面的人们则齐声和道："拉杰罗。"如此反复三次。在这期间，大家每呼一次，就举手抛撒一次糌粑粉，最后呼喊时要把手中的糌粑粉全部撒向空中。如此，人们的头上、身上和地上都呈现出白茫茫的一片，氛围达到高潮，仪式也就此结束。

落日的余晖在波光粼粼的拉萨河洒下点点金光，人们的欢声笑语也在这片土地上空久久回荡。拉萨人民特有的一系列修建新房的习俗与乔迁的礼俗，成就了他们独有的居住文化。这些习俗文化，代表着拉萨人民对生活的热爱与激情，代表着拉萨这一方水土养育了的纯净灵魂。

第二篇
DI ER PIAN

㉆

生育之礼，婚丧之仪——拉萨传统礼俗

每个人的一生，都会经历从出生到死亡的过程。而在这个过程中，又会经历各种生命中的重要环节，出生、成长、婚嫁、老去、死亡，是一个生命最完整的表现。在拉萨，这所有的生命环节，所有重要的阶段，都有相应的礼俗活动要举行，都有相关的风俗需要注意。每一种风俗，每一场活动，都是拉萨人民对生命至纯的尊敬与热爱。丰富多彩的礼俗正是这个座城市不同于别处的魅力之一。

第一章
生命的传承——拉萨生育习俗

当一个生命孕育成功，即将降临，人们便早早对其有所关注和重视。当新的生命降临于世，初来人间的他，便会被浓浓的喜悦与爱包围。为了迎接新生命的到来，人们会举办各种仪式，庆祝诞生，祈福健康平安，生命在这里得到了最崇高的礼敬。

● 挂在门上的奇特红布条 ●

在茫茫雪域高原，清新的空气与干净的水土养育了一代又一代的西藏人。在蓝蓝的天空下，在风雪与日光的洗礼中，生命在这里孕育、诞生，创造着属于自己的神话。当清澈的拉萨河水缓缓流过这片纯洁的土地，无数生命在天地间悄悄降临。

新生命的降临对于每个家庭都是无比重要的事情。而刚降临的婴儿对于整个世界都还处于十分陌生的状态，他们十分脆弱，需要足够的保护与关爱。

在我国的藏族地区，一直流传着这样的习俗：有新生儿诞生的家庭，会在门外挂上一条红色的布条，这样，邻居和访客便能第一时间得知，这家有新生命刚刚诞生，不适宜进入拜访，以免打扰到新妈妈的休息，更是为了避免陌生的气息以及屋外的冷风，给新生的宝宝带去不好的影响。

藏族人民对于新生儿的祝福与爱护，有着属于自己的传统习俗。孩子在刚出生时，人们不会用水去给孩子洗澡，一般是母亲用舌头舔舐孩子的身体。出生3天以后，母亲会在孩子的全身涂上酥油，然后抱到太阳底下晒一晒。也许，这些行为在一些人眼里觉得难以理解或接受不了，但这正是独属于我国藏族地区的，流传了千百年的独特风俗。

其实，西藏人民与众不同的出生习俗与其生活的环境有着很大的关系。高原地区，气候寒冷干燥，新生儿刚出生就洗澡的话，很容易着凉患病。慈爱的母亲将孩子舔舐干净，是对孩子的保护。高原气候干燥，皮肤很容易皲裂，新生儿的皮肤柔嫩无比，刚出生就给他们涂上酥油，也是为了避免环境给皮肤带来伤害。而晒太阳，大家都知道，不光杀菌还可以促进钙吸收，有利于新生宝宝的健康成长。

新的生命诞生，人们用不同的方式来迎接，不光新生儿格外需要照顾，刚当妈妈的女子也要特别注意。在西藏，民间一直有这样的习俗：妇女在产后要围上用红色丝带或棉条包缠在帽子外面的套头，既能保护产妇免受风寒，也是在告诉周围的人，这位女子刚刚当了母亲，需要照顾，要避免风寒和过度劳累。

在拉萨，人们对于生男生女没有特别要求，不讲"男尊女卑"，对待子女一贯采取顺其自然、男女平等的态度。不管是男婴还是女婴，他们来到这个世上，都会受到家人的隆重欢迎与珍惜爱护。包括周围的亲戚邻居，也会平等对待新生的小孩，所以在拉萨，不存在因性别歧视而出现弃婴等现象。不过，由于环境等问题，在我国的很多藏族地区男婴死亡率往往高于女婴，男女比例不平衡，因此很多家庭一般都比较希望能生更多的男婴，来改变这种不平衡的现状。这种期望同重男轻女形成的性别歧视有着本质的区别。

悠悠青山，皑皑白雪，茵茵青草，潺潺江流，千百年来，这些大自然的馈赠和这片土地上的人们，一起谱写着生命的赞歌，一起创造了一个又一个属于西藏人民自己的传统文化与习俗。

●"旁色"，给孩子举行的诞生礼●

当和暖的阳光静静洒在拉萨城，安睡了一夜的人们逐渐被唤醒，是谁家传来一声婴儿啼哭，打破了晨间的宁静？谁家有新的生命诞生在这片土地？人们愉快地彼此交谈讨论，言语间满满是对新生命的欢迎与热爱。

生命在这片土地上演绎着它的精彩，从呱呱坠地到离开世界，每个生命的一生都被冠以祝福，都被浓浓的暖意与善意包围。在拉萨，伴随着每个人出生、成长与老去的，是各种重要的人生礼仪。其中，诞生礼仪是人生的第一个重要礼仪。

当一个小小的生命刚来到这个世界上时，他只是一个小小的生命，只有通过为他举行的诞生礼仪，他才算在社会中有了存在感，才能够被社会承认是一名真正意义上的"新人"。几乎所有的民族都传承着属于自己民族的迎接新生儿的礼俗文化和各种仪式，如汉族有为新生儿剪胎发的传统，以及满月礼、百天宴等，而在西藏地区，也一直传承着属于新生儿的迎接仪式，这种仪式被称为"旁色"。

在藏语中，"旁"是"污浊"的意思，而"色"则代表"清除"。为新生儿举行旁色仪式，是一种帮助新生儿清除晦气的活动。

婴儿出生后，家门口挂上的红布条告诉了大家新人的诞生，等到他出生的第三天或第四天时（男孩第三天，女孩第四天），家里的亲朋好友就会带着青稞酒、酥油茶，还有为小孩子准备的衣服帽子，以及糌粑和哈达登门。人们来到新生儿的家中，先为辛苦生育的母亲和刚出生的婴儿献上哈达，表示慰问与祝福。然后为母亲敬上青稞酒和酥油茶，来表示慰问与关心。接着，人们要仔细端详婴儿，并送上祝福的话语，一般要夸孩子的五官和福运，然后用大拇指和食指一起捏一小撮糌粑，轻轻放在婴儿的额头，祝福他健康成长、吉祥安康。也会有一些人将为婴儿带来的帽子献上，一般都是十分亲近之人，送帽子是为了替婴儿遮盖头发、保护头部不受凉不受伤，一顶小小的

帽子里，藏着人们对新生儿浓浓的关爱与重视。

除了这些出生礼仪，在我国的藏族地区，关于迎接新生儿的习俗，还有很多。比如，前面说过，西藏人民会给刚出生的宝宝身上涂抹酥油，是为了防止干燥的环境导致皮肤受伤，在涂抹的过程中，有这样的风俗：婴儿全身都要涂抹酥油，唯独头部不可涂抹，这是因为，在西藏人民心中，头部是最为神圣的，任何东西不可随便凌驾于其上，也不轻易允许他人触摸，所以要留出头部不涂抹酥油。

清澈的拉萨河哺育着拉萨的人民，一年四季缺席甚少的阳光温暖着这片土地上的生命，当一声声婴儿的啼哭在白天黑夜响起，人们会用最真切的热情与爱意迎接新生命的诞生，用最传统的礼仪和习俗来祝福他健康成长。从远古至今天，浓浓的酥油和糌粑香，洁白纯净的哈达，一直在这片土地上飘荡。

● 抹点"锅底灰"才能出门 ●

当初升的太阳伴着新生儿来到这个世界，鲜活的生命脱离母体，从此开始了全新的旅程。在拉萨这片土地上，阳光终年温暖着这里的子民，穿过念青唐古拉山的日光，带着来自山里的风，带着来自雪的问候，带着大自然对

生命最原始最纯洁的问候，欢迎着新生命的诞生。

每一个新生儿，在这里都受到了最高级的保护与关爱。出生后的一段时间里，家门口会挂上红布条，来向大家宣布他的降生，也告诉人们这里有一个新的生命刚刚降临，需要呵护，不得擅自闯入。

当新的生命在日光和山风的慰问里逐渐成长，经过旁色之礼，婴儿开始逐步与周围的信息接触得越来越多，当陌生的世界渐渐熟悉，当周围的气味、温度，都成为习惯，在时光的抚慰里，出生后的第一个月就这么走过。

满月之后，新生儿终于可以正式出门，去接触外面的世界。

出门的日子是一定要经过精细计算，一般会请高人帮忙选一个黄道吉日，来举行出门仪式。

举行出门仪式这天，新妈妈与婴儿都要沐浴更衣，换上盛装，从家里出门后要朝东行走，一直走到寺庙，然后去那里朝拜佛像，来祈求孩子健康平安成长，一生无灾无难。需要特别注意的是，在出门前，一定要给婴儿的鼻尖上擦一点锅底的黑灰，此举寓意着婴儿在出门时不会被魔鬼发觉。在西藏人民的心中，婴儿的灵魂最干净纯洁，也最受魔鬼的喜爱，如果新生的灵魂被魔鬼发现，就会被带走，所以，婴儿出门时，一定要采取措施，帮他们逃过魔鬼的眼睛。这样的习俗在很多地方基本都见不到，但是在拉萨，则是人们带新生儿出门时，必有的环节，也正是这些微小的细节，在无形中表达了西藏人民对生命的珍爱与呵护。

新生儿的出门仪式不仅仅是抹上锅灰出门朝佛，接下来还有一个很重要的事情，就是"串门"。

妈妈与婴儿朝佛结束后，要去亲戚或者朋友家做客。去谁家是有讲究的，必须要挑选那些人丁兴旺、家庭和睦、三世同堂或者四世同堂的家庭，去做客、去喝茶、去聊天，在这些福气满满的家庭里做客，是为了沾福，为孩子的健康成长和家庭的兴旺求一个吉祥。

在西藏人民的生活里，随处充满了仪式感，从出生到离去，每个人的一生，要经历各种各样的仪式，要接受来自外界的无数祝福，也会为别人送出无数祝福。在漫长又短暂的岁月里，在静静流淌而过的拉萨河畔，一个个庄严多彩的仪式，谱写了西藏人民对生命和自然的热爱与尊敬。

● 拉萨人起名的规矩 ●

美丽的雪域高原与清清的拉萨河，千百年来伴随着居住在这里的人们，在历史的长河里谱写了无数的传奇，在时光的车轮中继续创造着奇迹。在拉萨这片净土上，有数不清的传奇故事，道不完的神秘风俗。独特的地理环境和文化，造就了拉萨人民独特的生活习惯和文化。就连取名字，都十分与众不同而又充满美好。

在取名字方面，藏族百姓不纠结于姓氏的问题，却会对名字有很多的讲究。很多藏族同胞都没有姓，却会有一个非常动听或者寓意深刻的名字。

当一个新的生命降临，家人为他送上的第一份最为珍贵的礼物，就是他的名字。这个名字将伴随他的一生，代表着家人的祝愿与期望。不同的名字，含义也很不一样，有的代表健康，有的代表长寿，有的代表幸福，有的代表财富，一个个象征美好的名字随着新的生命来到这个世界，从此展开了属于自己的一生。

走在拉萨的街头，如果你细心留意，多多交流，多去了解，就能够发现，拉萨人民在取名其实也有一定的规律可循，你会发现，他们取名时的参考范围非常之广。比如这天地间的山川河流、日月星辰，再如山里的奇珍异兽、名花异草，又如生活中的智慧事业、宗教信仰，甚至是佛祖名讳等，都会被拉萨人民用来取名用。同时，在用这些素材取名时，人们也非常注重修辞艺术，讲究名字里的寓意。

在拉萨人民心中，名字与人的一生，以及家族的兴盛，都有着极大的关系，所以，给新出生的孩子取名，是每个家庭的一件大事。一个新的生命诞生，伴随着他而来的，便是一个寓意美好、寄托了家人期望的名字。

在我国的藏族地区，由于大部分人都有崇高的宗教信仰，因此在孩子出生一段时间，可以出门后，大人会抱着孩子前去寺庙，带着礼品，献上哈达，请喇嘛活佛或德高望重的长者，来为孩子取名。僧人会根据孩子的生辰八字等，进行卜卦，然后为孩子取名。

据史料记载，请高僧大德赐名，早在吐蕃政权第八代赞普时就已十分盛行，由此可见，这种取名习俗在西藏人民中间已流传千年，而且，直到今天，也依然是主流的取名方式。

在一些交通不便的西藏人民聚居区，人们居住偏远不方便去寺庙请高僧大德帮自己的孩子取名，便会自己为刚来到这个世界上的孩子取一个吉祥简单的名字，也有一些家庭，随着知识文化水平的提高，以及与外界、与其他民族交流等，逐渐接受并喜欢上了自己为新生儿取名。

没有去过西藏的朋友会对藏族人民的名字充满好奇，对这种独特的民族文化产生向往与兴趣，也会觉得一头雾水，傻傻分不清楚。其实，西藏人民取名是有一定规律的。

比如，性别的区分就很明显。一般的判断方法是看名字后面的两个字，如果名字后加的是卓玛、卓嘎、拉姆等，那么基本都是女子，而男子的名字后两个字一般为顿珠、多吉等等。西藏人民喜欢参照天地间的万物来给自己取名，一般以植物花草为名的多为女性，而以动物命名的基本上都是男性。

随着多民族发展交融，西藏人民中间也逐渐出现了很多富有汉族特色的名字，赵钱孙李也逐渐被西藏人民接纳，但也会与本民族的特色名字相结合，从而组合出富有新时代特点的新名字。

当和暖的日光拂过高山上的皑皑白雪，一层冰雪消融，一层新雪覆盖，在这终年流淌着的拉萨河畔，在远山无声的注视与守护之中，拉萨人民在这片土地上，创造着属于自己的民族文化，千百年来，孜孜不倦，千百年来，坚守如一，千百年来，将藏族特有的取名文化传承发展，一代又一代传承至今，丰富着拉萨的文化土壤，也丰富着祖国的文化土壤。

第二章
缘牵一线，忠诚一生——拉萨婚恋习俗

阳光可以驱散黑暗，爱能温暖人间，与心爱的人相伴一生，是每一个年轻男女对爱情最美好的向往。从初识的浪漫有趣到后来的情定三生，一路走来，伴着彼此的，除了爱，还有各种热闹美好的习俗与来自周围亲朋好友的祝福，爱是情定此刻，忠诚一生。

● 专门给女孩的成人礼 ●

人的一生，会遇到很多人，发生很多事，很多人会相遇然后分开，很多事会着岁月的流逝被渐渐淡忘，也有一些终生难忘的事情和人，会一直留在人们的记忆里，一路相随，直到终老。

成人礼，便是每一位西藏女孩珍藏一生的难忘记忆。

成年礼也叫"成丁礼""成人礼""冠礼"等，是一个人从幼年走向成熟，走入社会的标志。在广阔的祖国大地上，很多地方都会举行各种各样的成年礼，各具特色，均是为12岁到17岁的孩子们举行的。

在拉萨，千百年来也一直流传着具有民族特色的成年礼。当地人举办的成年礼主要是为女孩子举行。

当一个小小的小女孩在岁月的洗礼中逐渐长成花儿一般的少女，迎接她的，是来自社会的认可与欢迎，是更多的自由与权利。而这一切，要通过一个庄严的仪式，才能够被正式赋予。

在拉萨，当一个女孩子长到十三四岁时，家人便要开始为她筹备成人礼。

举行成人礼的日子，要提前请高僧大德根据女孩的生辰八字来选定。在这一天到来之前，提前一天，家人要在僧侣的主持下，为女孩梳辫子，也叫进行梳头仪式。这项工作一般由女孩的母亲来完成，情况特殊也可以由其他女性长辈代办。

在梳头仪式上，需要特别注意的有，梳发辫用的梳子一定要是奇数齿的，用它将女孩的头发梳分成若干小辫子，用辫套套住后，在头顶挽成一个发髻，同时要戴上提前准备好的辫饰，一般是镶有海螺等吉祥物的长条刺绣。挽成发髻就代表着已成年。

梳头仪式结束后，女孩子的亲友们纷纷来邀请女孩去自家做客，并为她送上盛有糖、枣等物的龙碗，来表达祝福。

到了举行成人礼的当天，女孩要盛装打扮，隆重出场。与女孩是同一个家族的亲戚都会赶来参加仪式，尤其是女孩的舅舅，一定要来参加，要亲自为女孩送上礼物，并用吉祥的话语祝福她。

等到吉时，在高僧大德的主持下，长辈要用净水为女孩洗脸，用过的水要倒入盛着灰土的木盘里，连带女孩的鼻涕、唾液等一起，朝着规定好的方向泼洒。

这一切结束后，前来参与仪式的人一起吃喝、舞蹈，欢庆到天亮，至此，女孩子的成人礼才算正式结束。

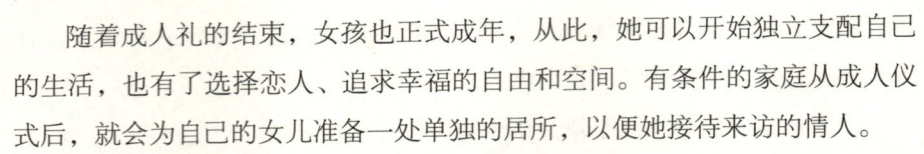

随着成人礼的结束，女孩也正式成年，从此，她可以开始独立支配自己的生活，也有了选择恋人、追求幸福的自由和空间。有条件的家庭从成人仪式后，就会为自己的女儿准备一处单独的居所，以便她接待来访的情人。

古老的民族千百年来坚守和传承着属于自己的文化，从出生到成人再到婚育直到离去，每一个重要的环节都少不了相应的仪式，每一种仪式都具有非凡的意义。

● 看到白帐篷，千万别乱进 ●

风从念青唐古拉山脉一路吹来，吹过葱葱茏茏的草原，吹过缓缓流淌的拉萨河，掀动草原上姑娘们的衣衫，也掀动着一顶又一顶的帐篷。

大大小小、颜色不同的帐篷，在空旷的草地上搭起一个个温暖的空间。人们在这里生活，也在这里躲避风雨和严寒的侵袭。走在青青草原，放眼望去，映入眼帘的大多数是黑色的、大小不一的帐篷，总有牛羊或者人群在它

们周围，与那蓝天远山融为一体，勾勒出极美的人间画卷。

在这些黑色的帐篷中，偶尔会看到零星的白色帐篷，数目不多，却尤为显眼，阳光洒下来，一片洁白的光彩，与众不同，让人忍不住对帐篷的主人产生好奇，忍不住想要随风掀起那帐篷上的门帘去一探究竟。

如果你在拉萨见到了这样的帐篷，也产生了这样的想法，那就要注意了。

在西藏，白色的帐篷，是有女孩的家庭为年满十四五岁，举行过成人礼的女儿专门准备的居所，相当于女孩子的闺房。

举行过成人礼的女孩开始正式走入社会，也有了选择心仪对象的权利，白色的帐篷便是她与心爱之人相互了解、相会谈心的地方。如果哪位男子喜欢上了白帐篷里的姑娘，就可以前去做客，如果女孩正好也喜欢他，就可以留他做客甚至过夜。女孩也可以邀请自己喜欢的男子来白帐篷里做客。

皑皑雪山与澄澈的拉萨河养育了许许多多纯洁的心灵。在拉萨人的世界里，人与人之间的感情简单而直接。当夜幕降临，寻找意中人的男子便牵着马儿去白帐篷所在的地方游荡、歌唱，极力引起帐篷中姑娘的注意，然后搭讪，争取自己能进帐篷做客。想要进入白帐篷的男子，需要具备足够的胆量与勇气，因为帐篷里不仅有姑娘，还有陪伴和保护姑娘的藏獒，想要进入帐篷，需要有与藏獒相对的勇气与智慧，这也是姑娘们选择男子的一个考验环节。

每一位姑娘都希望自己能遇到一个勇敢智慧的男子，与自己共度一生，如果通过初步考验进入帐篷的男子能与帐篷中的姑娘彼此喜欢，便可以留宿帐篷，甚至可以一起孕育新的生命。

在很久很久以前，在西藏人民群众间，一直流传着这样的规定：如果哪个男子进入了白帐篷，就要迎娶住在里面的姑娘，如果不娶，就要为女孩的家庭做三年的苦力，去草原放牛，少一天都不可以。如果三年后，这个男子想娶这位姑娘了，那么这三年来他牧牛时，出生的小牛犊就都会与金银首饰等一起，被作为姑娘的嫁妆，由姑娘的家人送给这位男子，如果依然不想迎娶，那么可以自由离开。

一顶白帐篷，可能是一段美好的缘分，也可能是一段辛酸的故事，这也是为什么我们一开始就说，如果见到了白帐篷，不要因为好奇就随便进入。

不过，随着时代变迁，这种古老的风俗在拉萨已不多见，有些偏远的地方还有这种风俗，但也基本上都是早已两情相悦的两个人，才会在白帐篷里相会，走进白帐篷渐渐成为一种形式上的存在。那些误入白帐篷的男子如果没有被姑娘看中的话，是会被驱逐出去的。

● 婚姻有禁忌，不要选错人 ●

有人说，我们穷尽一生去爱，图的并不是一次回顾，一句嘘寒问暖，一个拥抱，而是同饮食、同睡眠、同老去、同睡一个墓穴。爱情与婚姻，是人这一生中最美好的事情之一。选择一个合适的伴侣共度一生，是很多人心中美好的追求。在追求幸福的路上，拉萨人民也有自己的原则与标准。

在拉萨，男女青年之间的感情很少会受到父母的干预，自由恋爱的环境给了情窦初开的青年们足够的相处空间。求爱的方式也各式各样，包括之前所说的白帐篷相会，此外还有抢信物定情、唱歌求爱等等多种形式。

如果两个人都中意彼此，随着相处感情渐渐加深，便可以互相赠送对方信物，同时与家中父母表明自己的心愿，在得到双方父母的考察和应允后，便可以商议着送聘礼，约定婚期。

相爱的两个人如果能得到家人和亲友的支持与祝福，对于一份感情来说是堪称完美的结果。在拉萨，恋爱自由，结婚这种人生大事虽说也是自由选择的，但是也有一定讲究，与什么样的人结婚，才能幸福安稳地过一辈子，才能子孙满堂，一生吉祥，在拉萨人看来，是需要慎重考虑的，需要经过父母的考察方可做决定。

所谓的考察，首先是要看这个孩子家庭的门风如何？口碑怎样？家庭厚实与否？如果基本可以，接下来主要是看生辰八字与生肖等方面的事情。

当互相爱慕的两个青年准备走到一起时，各自的父母都会专门请高僧大德来测算两个孩子是否合适组成家庭，主要是看他们的五行和纪年的十二属相的生辰属相是否相克或相冲。根据历算的说法，金克木、火克金、水克火、土克水、木克土。而相冲相克的属相主要有：猪、蛇地盘相冲；猴、虎技艺相克；狗、龙叫声相冲；马、鼠行为相克；牛、羊容地相冲；兔、鸡食物相冲。如果两个人正好命中这样的生肖组合，一般身边的人都不会支持他们组

成家庭，因为人们都认为，属相相克的两个人如果组成了家庭，结婚后注定过得不幸福，甚至会遭受各种苦难，发生各种令人痛苦的事情，危及健康与生命，这也就是人们常说的婚姻禁忌，选错了人，可能会一生痛苦。

相克相冲的两个人如果要想化凶为吉，就需要祈请佛法消弭。所以，不少拉萨人会专门去寺庙里，在佛墙和佛邸上写上一串串藏文，内容基本相同，均为祈请化解属相相冲的祈愿，来帮助自己达成家庭生活祥和美满的愿望。

古老的土地孕育了古老的风俗，代代相传的风俗影响了一代又一代的人们，我国藏族地区的婚姻生肖文化，深受中原文化影响，西藏人民吸收了汉文历算，再与自身历法文化结合得到了属于自己的风俗文化。尤其是文成公主进藏后，带去了大量的占卜历算书籍，极大推动了这一文化的发展。

相爱的两个人如果命相相克，在以前是不被允许成婚的，但现在在拉萨，大家一般都十分尊重自由恋爱的人们，所以，如果是命相相冲，人们首先想到的不是棒打鸳鸯，而是邀请僧人去家中做法事，来缓冲这相克的情况。

除了讲究生辰八字与生肖属相，在拉萨，也明令禁止近亲结婚，父系亲属严令禁止结婚，母系亲属要在四代以后才被允许结婚。在不违背近亲通婚的前提下，在拉萨，青年男女的婚恋都有着较大的自由，人们在劳动生产和各种社交场合都能够自由交往，选择自己的意中人共度余生。

● 提亲与订婚中的仪礼 ●

能与喜欢的人共度一生，是每个认真恋爱的人心中所向往的美好。当一份感情逐渐稳定，最初的心动与浪漫，就渐渐升华为心里最暖的温情，感情的升华与更深入的发展，便需要一场美好的婚礼来推动。为了能够与心爱的人长相厮守，几乎每一对恋人都会选择走向婚姻的殿堂。而在正式举行婚礼前，还有一系列的准备工作需要去做，比如提亲，还有订婚。

在拉萨，提亲对于一场婚礼能否顺利进行，有着很关键的作用。

不论是自己相识两情相悦，还是经人介绍走到一起，只要两个人准备结婚，就要先筹备提亲的事情。娶亲的一方，需要先委托自家的亲戚或者朋友，去帮助自己去对方家里提亲。前去提亲前，要先卜合属相，然后请人择选吉日,送哈达给对方家庭正式提出求婚。

在拉萨的一些地区,还一直传承着一些古老的提亲礼仪。提亲吉日这天,提亲者要携带酥油茶与青稞酒去找对方的父母提亲,如果对方痛快地喝了茶、酒,就说明他们同意了这场婚事。如果对方推辞不喝或直接拒绝了,就意味着这门婚事多半成不了。提亲者可以暂且离去,隔一段时间再来,争取能有新的突破,或者改变目标,重新寻觅下一家。

如果被提亲一方的父母喝了提亲者的茶和酒,同意了自家孩子的婚事,提亲者需要请人帮忙择日,来女方家送上求亲酒,举行订婚仪式。提亲环节,青年男女一般不会亲自参加,离开时对方要给提亲者献哈达、送回礼。

关于人生大事的每个环节,都马虎不得。送求亲酒订婚的日子,一定是精挑细选算出来的吉日,到了这一天,娶亲一方会带上求亲酒和厚礼,来对方家送礼。不论自己家境是否殷实,前来订婚的这天,一定要为对方家里的男女老少献送哈达、衣服或者衣料。此外,还要携带青稞、小麦、酥油等食物以及羊肉和酒。同时,要为对方的母亲送上漂亮的邦典,其含义是,孩子长到现在,母亲不知花费了多少心血来养育她,儿女一路成长不知磨破了母亲多少邦典,趁着订婚的日子,送一些来作为补偿与感谢。

除了准备厚礼,娶亲一方还需要负担这一天的宾客饮食费用,如果对方家代办,提亲者应该用钱补偿示谢。

当参与人员全部到齐,双方代表进入正厅依次入座以后,主人家会端上"切玛",敬茶酒。敬完茶酒以后,会拿出提前请人写好的、一式两份的婚约书放在高脚盘内,请一家证人高声朗诵,另一家证人认真校对。订婚书念完后,证人将两家的家印当众盖在婚约书上,然后郑重地由女方与男方的代表分别交给对方的父亲。收好婚约书后,双方父母给证人献上哈达,以示感谢。

订婚这天,准备结婚的男女主角,都不参加敬茶酒读婚书的环节,只由家人以及代表出席。仪式结束后,所有参与仪式的宾客共同尽情欢乐一天。仪式结束,宾客离开前,女方家庭会为每一位宾客献上哈达,并将回礼送给娶亲的那一方。

关于提亲与订婚,有一些小细节尤其需要注意,不论你多么喜欢对方,多么迫切地想要与对方成亲,都一定不要莽撞地独自一人登门拜访,直接向

对方的父母提亲，更不要贸然去对姑娘提出结婚的请求，只有一步一步按节奏来，循序渐进，才能顺利推动婚礼的到来。

提亲与订婚都不是两个人的事，是两个家庭，很多人一起参与的事情。相爱的两个人，在这个过程中，将自己的幸福分享给了更多的人，所有的亲朋好友与自己一起，期待着婚礼到来的那一天。

● 迎亲与婚礼中的规矩 ●

在经过了提亲和订婚的程序后，准备结为夫妇的两个青年，家人已为他们选定了举行婚礼的日子。这一天是根据两个人的生辰八字选定的，同时要参考日期和星期。

藏历八日、十五日、三十日还有星期五、星期六是西藏人民心中的吉日，在西藏人民心中，最为忌讳的是星期天，所以婚礼的日子是综合参考各种信息后选定的黄道吉日。

除了举行婚礼的日期需要专门挑选，迎亲的具体时辰也有讲究。何时迎亲，需要专门请人根据男女双方家庭成员的生肖来定。

比如，如果双方家里有生肖是虎的人，那么就不能将迎亲的时间安排在拂晓时分，因为这时为虎时；再如，如果双方家中有生肖为兔的人时，迎亲时间就不能定在黎明时分，因为这时恰好是兔时；而哪一方家中要是有属龙的成员，迎亲时间就不能安排在日出时分，因为这时正好是龙时；同理，家中若有属蛇的，便不能在日暖时迎亲，因为这时恰好是蛇时；家中如果有属马的，不可以安排正午迎亲，因此这时是马时；如果家中有属羊的成员，就不能在日初偏西时迎亲，因为这时正好是羊时；如果家里属猴的成员，那么就不能在子午巳过后迎亲，因为这个时间是猴时。如果不按这些规律安排，强行违反这个规律，会使两个家庭"招来灾难，失去安宁"。

婚礼的前一天晚上，女方家人要为出嫁的儿女举行送亲仪式，也算是告别仪式。

这天晚上，男方的迎亲者要准备一匹打扮漂亮的马（距离远的可以准备装扮好的车辆），来到女方家。迎亲队伍一般有两到三人。

这天晚上，女孩家的所有"吉度"（西藏村落和城镇中的一种中小互助共同体）户都要来送行。随身携带来的礼品有哈达、糌粑油糕、一支前腿带胛骨的羊肉，同时还要给主人家每人准备一件衣服或衣料还有礼金。

送亲仪式开始，即将出嫁的女儿坐在席位中间，还要有一位伴娘坐在她的身旁。然后父母分别坐在她的左右，接着是送亲人以及其他家中成员等。大家都入席后，迎亲者要向新人献上哈达，同时会在她衣服的背下插上彩箭，代表着这位女子从今以后"有主"了。接着"吉度"户开始献哈达、送礼。送亲仪式结束后，所有宾客聚在一起喝酒唱歌、通宵欢度。

在这天晚上，嫁娶双方的门口会聚集一些年轻人专门来点篝火。参与点篝火的人被称为"米东肯"。这一习俗从遥远的历史中传承而来，"米东肯"们提前打听好新娘新郎出门的时间后，就会在前一夜聚集到新人家门口，点燃篝火。这时，主人会为他们提供茶酒以示感谢，分享喜庆。等到了吉时，新郎新娘出门时，这些"米东肯"就会以"不让村里最好的姑娘或小伙离开村子"为由，堵在门口故意为新人出各种小难题。迎娶双方，会象征性地出点钱，请他们让开通道。

成亲的这一天是经过精心卜算挑选的，而迎亲送亲的时间也是经过卜算的。到了指定的时间，迎亲队伍由挑选出来的领队带着出门，领队人的生肖一定是对嫁娶双方都好的属相，同时要身着白色的藏袍，手里举着"司巴霍

（九宫八卦图）"前行。如果在迎亲的路上遇到了背着水或者其他重物的人，就会认为于婚礼吉祥，迎亲者要为对方献上哈达同时给点小钱。如果恰巧遇到了倒垃圾或者背着空篓子的人，则认为是不吉。同时，天气的好坏在人们心中也与婚嫁息息相关。如果婚嫁这天遇上刮风或下雪，人们就会觉得非常不吉利，主人家会为此烦恼并寻求破解办法，以免以后的生活中出现灾难。如果是晴天，就代表着家庭和美幸福，万事大吉，所有人都会为新人感到高兴。

迎亲方来到姑娘家时，会被堵在门外，经受各种考验，同样，也需要象征性地出点喜钱，才能进门迎亲。

接下来，送亲人扶着新娘，带着嫁妆（嫁妆没有约定俗成的规定，是由女方的家庭经济条件决定。条件好的家庭，会送一些诸如"巴珠""格达""嘎乌"等贵重的首饰；条件一般的家庭，嫁妆主要以女孩平日的衣被加上几套藏装和几床被褥、足够的口粮等为主。也有家庭会送自行车、缝纫机等耐用消费品。随着时代发展和人们认识的变化，如今嫁妆的内容则灵活丰富许多，具体组成一般由娘家人准备），跟着迎亲人缓步出门。这时，女方家中要有人一手拿着彩箭和挤奶桶，另一只手拿着羊腿，在空中环绕，进行招贴引福仪式。这一习俗也流传了很多年，在以前，人们都认为，家里有人出嫁时，常常会使家中损失很多财气，所以要用这样的仪式，来补救这种损失。

娶方要在新人回来前，将大门装扮好，同时要在大门两侧分别立黑白两种颜色的大石头，并为新娘下马准备好垫子。这种垫子里面会装上青稞、小麦还有盐巴，上面铺有五彩锦缎。

当送亲人随着出嫁的女儿和迎亲队伍来到娶方门口时，会派出一位代表，为门口的白石头献上哈达，并唱赞歌。

赞歌唱完后，送亲人会将另一边立着的黑石头踩倒在地上。为了给婚礼增加欢乐的氛围，娶方门口的"米东肯"一般会将黑石头立得非常坚固，如果是冬季的话，还会浇上水，使其结冰，很难动摇，给送亲人当众踩倒石头提高难度，以至一次踩不倒出了洋相，引来围观群众大笑。最后送亲者只能象征性地拿点"酒钱"请大伙来帮忙。

踩倒黑石头后，送亲人会来到娶亲家门口事先准备好的垫子前，继续唱歌，得到娶方的应答后，新人下马入大门。送亲的人要分别给看家犬和大门、楼梯、主供佛像柱子、酒坛、吉祥斗等唱歌表示庆祝。

接下来进入正式典礼。新郎和新娘盘腿坐于用青稞画有祝福符卡的垫子上。双方家人和迎亲送亲的人员都要参加典礼，同时，娶亲家的"吉度"户都要来参加典礼。

仪式开始时，首先由一位送亲人或道吉祥者走到宾客满室的中心，道吉祥。吉祥话说完后，就进行婚礼仪式的开场白，将整个参加婚礼的场面描绘后，手捧洁白的哈达，先面对佛龛念诵一段赞颂词后，把哈达献在佛龛前面。接着再捧上哈达，道房屋祝词。开场白结束后，来参与婚礼的宾客们开始向新婚夫妇，还有他们的父母以及娶方的家庭成员还有迎亲者送上礼物。来宾赠送的礼物根据自家经济条件，各不相同，最常见的主要有三坛及以上的酒，两三坨酥油，两三块砖茶，条件好的还会送一只整羊，100斤左右的小麦等，当然，礼金也不会少。同时，还要送给主人家每人一件衣服或衣料，而且要给佛龛、新郎、新娘、双方家人、迎亲送新者、房柱、酒坛子等献上哈达。

婚礼上的赠送仪式有的一天结束，有的家庭则分几天才能结束。婚礼时间的长短，也要视情况而定，有的婚礼会进行三天，也有的婚礼会持续五至七天，大家族甚至会欢庆十天。

从相识到相知，从白帐篷里的相会到上门提亲，从订婚仪式到娶亲，一次美好的相遇缔结一场美好的婚姻，一场场热闹的仪式见证了新人之间的浪漫感情。从此便是一家人，往后余生，在拉萨这片土地上，就多了一对幸福的人儿，又多了一个美满的家庭，来建设这片土地。

● 回门应该注意这些事儿 ●

在拉萨，一场完整的婚礼，从求亲提亲开始，到订婚结婚仪式，再加上回门，才算正式完成。当新娘离开娘家的那一刻，她随着迎亲队伍来到夫家，一路经过各种仪式和环节，与心仪的男子举行了婚礼，在婚礼结束前，她是不能随意回到娘家的。就算夫家离娘家仅有几步之遥，也不能贸然迈出婆家的大门回到娘家，不然会遭到周围人的耻笑。

婚礼结束后，狂欢结束，宾客散去，新婚夫妇正式开始了属于两个人的新生活。过一段时间后，新娘便可以在丈夫、公公等婆家人的陪同下，一起回娘家，这便是拉萨人民的回门。

在我国的藏族地区，回门没有特别固定的时间规定，有的在新婚三个月后，有的在婚后六个月，也有的家庭婚后一个月就回门，在拉萨及拉萨周边，一般是藏历年初三，新娘回门。

回门没有专门的仪式，但是也需要提前准备，回门的具体日期要请高僧大德择定吉日，选定日期后要通知娘家人做好迎接的准备。

回门是新婚夫妇彼此恩爱，生活和睦幸福的一种表现。回门当天，新人要着装整齐，且不能是结婚时穿过的衣服。由于出嫁时的婚服是女方准备的，回门时新娘的礼服要由男方准备，也是在告诉人们，新娘在夫家吃穿不愁，受到了全面的照顾。在这天，新娘要在丈夫以及夫家长辈的陪同下，带上丰盛的礼品前往娘家。娘家人要在院门前画好"永仲"，摆设各种谷物、茶叶等生活用品迎接。

嫁出去的女儿要回来看望父母了，对于父母来说是十分开心的事情，在这天，他们会坐在家里等候女儿、女婿和亲家的出现，同时派出代表在院外迎接回门的队伍，并引入室内。双方父母见面后，先互相献上哈达，敬上酥油茶和"切玛"，同时相互说一些祝贺的吉祥话。新娘、新郎要在家族护法神前祈拜祷告。

姑娘回门这天，娘家人要专门办酒宴，宴请陪女儿回门的男方来的宾客，以及新娘出嫁时曾来行礼的女方家的亲朋乡邻。酒宴结束后，娘家人会为前来参加宴席的人送上肉、烙饼等食物，同时会在烙饼上放一块酥油，以示回敬。

除了探望娘家人、宴请亲朋，新娘回门还有一件十分重要的事情，就是煨桑挂经幡，祭祀自己出生地的神。藏族百姓非常注重自己的出生地之神，出生地神在人们心中就如同一个地区的家族长者般，与他的子民生活在一起。每一位在这里出生的小孩，他都视为自己的孩子。所以，人们在离开家乡或者远行回到家乡的第一件事，就是去煨桑挂经幡祭祀出生地神。

祭祀的经幡由五种颜色组成，从上到下依次为蓝、白、红、绿、黄五色。这五种颜色都有其不同的含义，最常见的解释是，蓝幡代表天空，白幡代表白云，红幡是火焰的象征，绿幡是绿水的象征，黄幡则代表了土地。如此，经幡从上到下的排列顺序便也固定了下来，就如同蓝天在上、黄土在下的千古不变的规律一样，各色经幡的排列顺序也不能改变。

　　所有环节结束后，新娘可以在娘家小住几天，具体的日子没有规定，可以自由安排。需要注意的是，新娘回门一定要由丈夫以及夫家的家长陪同，不可以一个人单独回去。

　　当新娘结束回门，告别娘家人回到婆家，正式开始自己的新婚生活，一场婚礼才算完整结束，新人的幸福生活就此慢慢拉开帷幕……

第三章
在生命的终点，告别——拉萨丧葬习俗

在生命漫长又短暂的岁月里，每个人都要学会告别。当一个鲜活的生命逐渐走向衰老，直到死亡，最好的告别早已藏在了丧葬礼仪里。送走生命的每一个环节，都表达着拉萨人对生命的尊敬与对逝者的追悼之情。丰富的丧葬习俗，使这座城市的传统文化习俗更加神秘丰盈。

● 拉萨丧葬形式的演变 ●

当一个新的生命在这片纯洁的土地上诞生，世界上又多了一个美好的存在。从备受呵护与关注的新生儿，一路成长为少年、青年，经过成人礼，再走入婚姻的殿堂，再迎来新的新生儿，一路走去，一路成长收获，一路慢慢变老，直到，离开这个世界。

在藏族百姓的心中，离世并不意味着生命的总结，只是精神脱离肉体的一种六道轮回中的一个过程而已。所以，在拉萨，很多的丧葬形式都和宗教有关，所有的丧葬仪式，都会与逝者的身份以及死亡方式还有所处的环境结合，然后做具体的安排。

千百年来，在我国的藏族地区，传承着很多种丧葬形式，在以前，主要的丧葬形式，根据等级高低，主要有塔葬、天葬、火葬、水葬、土葬几种，在一些边远的地区，还有树葬、石葬和岩葬的习俗。这些形式等级森严，界限分明。

人在去世后采用哪种葬礼仪式，取决于这个人生前的地位、所做的贡献，以及高僧大德的占卜结果。塔葬是所有丧葬形式中级别最高的一种，大多在大活佛中进行。做法是用盐水、藏红花及别的一些特殊药物抹擦处理遗体，进行整容修饰后，放入灵塔之中。也有做法是把高僧大德火化后，将骨灰、

舍利子放入灵塔之中。灵塔主要有金、银、铜、木、泥几种，按活佛的地位高低而定。

除了塔葬，在拉萨，高僧大德还有一种高尚的葬礼就是火葬。一些高僧在火化后，他们的骨灰会被制成"擦擦"（小泥佛）供在宗教场所，也有的会被带到高山之巅随风扬撒，或带到河边，撒进江河，随波浪流向远方。不过，在离拉萨比较远的一些地区，由于拥有丰富的森林资源，燃料富足，因此，生活在那些地方的普通百姓，在去世后也会采用火葬的方法。与火葬相对的是水葬，水葬比较简单但也极富民族特色，拉萨地区不多见，主要出现在水深流急的雅鲁藏布江沿岸等地区。

此外，最常见也最古老的丧葬形式，便是土葬，在拉萨有几千年的历史。土葬最初流行于本教时期，一直延续到公元9世纪中叶吐蕃政权崩溃，才逐渐出现了其他丧葬形式。

在拉萨，还有一种独特的丧葬形式，如果一个生命还未满8岁就过早夭折，在安葬前，需要用盐巴和酥油将其手、眼、嘴封住，然后放入陶罐中，陶罐密封好后，将其挂在通风的老房子或山洞里，来保持躯体的完整。在青藏高原的其他一些地区，则是把孩童的遗体放入竹篓或木箱中，然后挂在特定区域内的树杈上，称作"树葬"。

拉萨人民大多数都信仰佛教，所以信奉前世、今世、来世的轮回观念。因此，拉萨人民的葬礼渗透了佛教的理论，葬礼不仅仅是对亡灵的超度，更是为来世的投胎积福结缘，是生与死之间一个非常关键的环节。随着时代的发展，很多习俗逐渐被人们放弃或者改进，但是最根本的宗教信仰还在，而人们对丧葬形式的认识与传承也在逐渐变化。如今，更多的拉萨人民放弃了以前的天葬、水葬甚至土葬等形式，选择了更为环保也更有意义的火葬形式。

时间的车轮不停向前，古老的传统与习俗在传承也在变化。与时俱进，不忘初心，便是对传统最好的继承与发展。

● 丧葬礼仪与禁忌 ●

在拉萨，一个生命的结束不意味着消失，而是另一种新的开始，拉萨人民在面对去世的人时，需要注意的礼仪与禁忌非常多且比较复杂。

当一个人与他生活了一辈子的世界告别后，陪在他身边的家人，就要开始为他张罗后事。

人们要做的第一件事，就是安置遗体。具体的做法是，将去世的人的遗体蜷曲起来，将头夹到两膝之间，如同处在母腹中的胎儿一般，然后拿来麻绳以及专门为逝者准备的白藏毯，将遗体裹住，置于屋中一角，并用白布围上，同时要用土坯做垫，这里需要注意一个禁忌，就是不能用床或其他东西做垫。这是因为，等到遗体离开后，垫的土坯也要随之扔到十字路口，这样，逝者的灵魂就不会滞留在屋中了。

　　与此同时，家人要在自家门口挂上一个红色的陶罐，用羊毛或白哈达围在罐口。罐子中主要盛放着三荤三素拌成的糌粑，并点火使之冒烟，这几样分别为血、肉、脂、乳、酪、酥。家里人每天都要为这个陶罐里加上一些同样的东西，意思是供给逝者的灵魂享用。

　　人在去世后的具体出殡时间需要专门请人卜算，通常情况下，要在屋中停放三到五天，方可出殡。从逝者去世这天开始，家里所有成员不能梳头洗脸，不能佩戴任何饰品，更不能欢声笑语唱歌跳舞。而同村里的其他邻居在逝者去世后的丧事期间，也会取消一切喜事安排和娱乐活动。在遗体停放屋中的几日里，同村的家庭会陆续派出代表，带上一壶酒，来逝者家里吊唁。同时，这几天里，还要请高僧大德来念经做法事，超度亡者的灵魂。在一些条件不错的家庭里，还会为逝者点上一百盏左右的"百供"灯。

　　不管亲人有多么不舍，离别的泪水有多么酸涩，很快，便要到出殡的日子了。出殡的前一天，人们要将逝者的衣服脱光，然后将其四肢捆成一团，用白色的氆氇蒙上。而村中的左邻右舍都会带上"嘎美准达"（一条哈达、一把藏香、一盏供灯及表示慰问的钱）来为逝者送行。而"吉度"户除了要带上"嘎美准达"，还要带上糌粑、奶渣、菜叶、牛油等熬"突巴"（藏式面疙瘩）的佐料来到逝者家中。

　　送行的人陆续到来，出殡的日子就这样到了，出殡仪式几乎是从天还未亮时就开始了。具体的出殡时间是高僧大德按照家中成员的属相卜算打卦后确定的，时间一到，仪式就正式开始。

　　这时，要先在放置遗体的屋角到家门口之间，用糌粑画出一条线来，然后，逝者的后代将遗体背到门口，以尽孝道。接着由"吉度"户及亲朋好友手拿藏香，一直送到离家较远的路口。当遗体被背起来后，后面有一个根据属相选择出来的与逝者同龄的人，一手拿扫把，一手拿破方篓，将糌粑线扫掉，并把扫把、垫尸土坯全部都放入篓中，紧跟在遗体后，一直走到十字路口，将这些东西扔到路口。出殡这天早上，逝者的亲朋好友都来为逝者送行，每人拿一炷香，伴着出殡队伍，一直将逝者送出城。

　　出殡这天，逝者的家人是不能到葬场的，背尸人以及送葬者在将遗体送

到葬场，离开时，都不可以回头望，而且，在之后的两天里，主持葬礼的人还有送葬者也都不可以到逝者家中，这样可以避免将逝者的灵魂带回自己的家中，给家庭带来厄运和灾难。

在我国的藏族地区，不同的地区，丧葬习俗有着各种各样的讲究。比如，很多地区都有这样的说法：遗体放在屋中的那段时间，要严禁任何狗猫入内，否则容易引起遗体复起。还有，在甘孜州德格县和雅鲁藏布江一带，讲究在进行土葬时，年岁高的人要葬在高处，年龄越小葬得越低。同时，背尸者还要注意一个禁忌，那就是一年内不能参加任何热闹喜庆的活动，身上也不可以带红。逝者的亲属一年内要禁止任何喜庆活动。而在德格龚垭地区，送葬被看成是一种积功德的事情，所以，如果哪家有人去世了，村里的人会争抢着去送葬。所有的藏族人民都十分忌讳直呼逝者的名字，只称其为亡人。如果有人无故直呼逝者的名字，就会被视为对逝者亲属最大的侮辱和挑衅，容易引起争端。

静静的雪山陪伴着山下的人们，生命在这片土地上诞生、成长、离去，无论是哪个过程，无论是哪种环节，太多太多的礼仪与禁忌，表达的都是拉萨人民对生命最崇高的敬畏与珍惜，是对生命最大的礼赞与珍视！

●"七期荐亡"习俗●

当一个生命诞生在拉萨这片干净的土地上,从出生到成长,从婴孩时期的各种礼俗到成人礼,再到婚嫁仪式,直到垂垂老去离开人世,这一生不管过得多么轰轰烈烈,或者平平淡淡,一路走来,坦然走去,这一生就已很不平凡。

当生命终于在这片干净的天空下画上句号,当肉体随着丧葬仪式的举行回归净土,当所有的亲人朋友将逝者送走,葬礼结束后,随之而来的,还有一套完整的法事仪式需要逝者的家人去操办。

在我国的藏族地区,丧葬与祭祀有着连带关系。从逝者离开世界的那天开始,每过七天,要请高僧念一次经,一直念到第七七四十九天,共七次。这是因为西藏人民信奉佛教,而佛家认为,人在死后,细微的五蕴身化为中阴身,中阴身的寿命一般是三到七天,最长的也不会超过四十九天,就会投生。他们或者投生人生之道,或投身动物界或入地狱等,一切由逝者的业力而定。所以,传统上将四十九天分为七个期,每期七天。

在七个七天中,第四个和第七个七期比较隆重。第四个七期,逝者的家人会专门请四到五名僧人举行一次火供仪式,意在催促亡灵早日投胎受生。而第七个七期,一般会请四名僧人做会供法事,做会供物"措"。在这天,逝者的家属要洗脸梳头,祭一次屋顶神,并更换屋顶经幡。同时还要为亡者根据打卦结果做超度像。超度像的质量依据家里经济状况而定,有镀金铜像、泥塑像,有唐卡,也有纸质的画像。在这天,所有"吉度"户要带上肉、酥油、茶、酒等来参加七期法事。

与此同时,第四期和第七期还要进行一次"百供"。一般是由逝者的兄弟姐妹或子女在逝者家中或是寺庙里举行"百供"仪式。条件比较好的家庭,会在逝者离开后,每满月就举行一次满月祭祖,这种祭祖仪式只请一人来念经。逝者去世满一周年时,要举行一次周年祭祖,家中要举行隆重的纪念活动,所有"吉度"户都要带着哈达、茶、酒、肉、酥油、钱等前来做客,主人要准备充足的饭菜来招待客人,以感谢大家一年来的帮助与照顾。

如此，一个人在离开这个世界后，会有很多亲朋好友一直惦记着他，为他祈祷，在他去世后的一年里，家人会为他举行20次之多的法事，前后差不多要请近30人次的做法事者。这是对逝者的惦念祝福，也是千百年来一直流传下来的丧葬习俗之一，整个过程开销比较大，过程漫长而比较烦琐，随着时代的发展，已逐渐简化。

七七十四九天的祭奠与诵经，"七期荐亡"所有的仪式，在庄严肃穆中进行，在悼亡与祈福中缓缓推进，逝者安息，斯人远去。生者要继续迎接新的生活，每一个新的明天，继续在这片土地上迎接新的生命，送走老旧的肉体，每一个新的远方，有出生，有死亡，有欢声，有泪水，直到有一天，自己也消失于这美丽的天地间。

第三篇

DI SAN PIAN

叁

节庆拉萨，一路欢笑一路歌

拉萨，是一个传统节日非常丰富，也十分重视过节的城市。在这里，一年四季几乎都有各种各样的节日要准备和庆祝，不论农牧区还是城区，庆祝丰收、庆祝新年、祈福吉祥，祝愿风调雨顺……每一个节日都被隆重对待，每一场活动都精彩多姿。人们的信仰与祝福在节日的欢庆里得到了最好的表达与寄托，一路欢歌，一路笑语。

第一章
热闹藏历年，雪域高原上的"春节"

辞旧迎新的藏历新年，是藏族人民最为重视的节日之一，从年前的忙碌筹备到迎接新年，藏历新年在丰富的小吃和各种美食中逐渐展开。喝酒敬茶，驱鬼迎福，从千百年前流传而来的习俗被一路传承发展到现在，浓郁的历史文化在这片土地上得到了最好的展示。

● 吉祥水迎接藏历新年 ●

去西藏过年，是很多藏族文化爱好者十分喜欢的行程。但也有很多人不了解西藏人民的新年概念，错把汉族的农历新年当作西藏人民的新年，由此而错过很多藏历新年的精彩活动与丰富体验。

在千百年前，一个名叫噶莫帕玛的人，根据月亮的圆缺，初步推算出了日、月、年，后来西藏人民将它称为《噶莫帕玛历算法》。随着农业的发展，每当庄稼成熟并收获一次后，西藏人民就会聚在一起，载歌载舞，欢庆丰收，这样的活动慢慢形成了定期的庆祝，发展到后来被定为"以麦熟为岁首"的物候历。时间一久，人们便渐渐地将庄稼成熟的时间，看作是一年开始的时间。

后来，松赞干布迎娶了大唐的文成公主，文成公主为西藏人民带去了各种天文历书、中原的耕作技术以及生产工具。松赞干布非常倾慕中原文化，他脱掉毡裘，改穿绢绮，并派吐蕃贵族子弟到长安读书学习。也就是从这个时期开始，藏族百姓受汉族文化的影响，逐渐形成了欢度新年的习俗。

时光匆匆流逝 200 年，公元 9 世纪，藏族人民结合中原的夏历、印度的时轮历以及自己的天文历法，创造出了属于藏族人民的历法——藏历。

藏历的正式启用，在 1027 年，即宋仁宗天圣五年，印度的时轮历被印成藏族文字，正式传入西藏，对于普信佛教的西藏人民来说，这是一件十分重要的大事情，于是人们便将这一年定为藏历新年的第一个年头。当时正好是农历丁卯年，于是以丁卯年为开始，这一年成了第一个 60 年周期纪元的第一年。

在拉萨，所有的节日都根据藏历来计算，其他藏族人民聚居区则很多是按照农历算的。

西藏人民的藏历新年在时间上比汉族人民的春节晚几天到 1 个月左右，每年藏历正月一日开始，便是藏历新年了，庆祝新年的活动要举行三到五天不等。

早在藏历十二月初，家家户户便开始筹备年货了，人们会在水盆中浸泡青稞种子，培育青苗。家家户户会用酥油和白面炸"卡赛"（油馃子），"卡赛"的种类很多，有耳朵状的，被称为"古过"，长形的被叫作"那夏"，还有圆形的唤作"布鲁"等等。等接近年关时，每个家庭都会准备一个画有彩图的长方体竹素琪玛五谷斗，斗中装满酥油拌成的糌粑、炒麦粒、人参果等食品，上面插上青稞穗、鸡冠花和用酥油做的彩花板。同时，有条件的人

家都会准备一个彩色酥油塑的羊头，庆祝新年也是为了祈求新的一年风调雨顺，五谷丰登。

汉族人民腊月歌谣里有这么一句"二十四，扫房子"。在拉萨，藏历年除夕的前两天，拉萨人民也会进行大扫除，清扫角角落落，住帐篷的人们还会翻新帐篷，同时摆上新的卡垫，贴上新的年画。到了二十九日晚上，人们会在饭前，用干面粉在灶房正中墙上撒上"八吉祥徽"，同时在大门上用石灰粉画上象征永恒吉祥的符号。到了除夕这天的晚上，家家户户会在佛像前摆上备好的各种食物，除夕夜，每家每户都要吃古突。

当夜色褪去，晨光熹微，藏历新年的第一天在人们的欢庆中缓缓走来。这一天，人们会在日出之前去拉萨河背回"吉祥水"，同时将提前准备好的青苗、油馃子、羊头、五谷斗等摆于佛龛前供奉。全家按照辈分排排坐，长辈们端来五谷斗，每人先抓几粒，朝着天空抛去，表示祭神，接着再依次抓一些送进口中。祭完神后，长辈与晚辈之间互道吉祥话与祝福语，所有这些仪式结束后，人们坐在一起开始吃新年的第一顿餐饭，一般是麦片突巴和酥油煮的人参果，还有酿好的青稞酒。

藏历新年的帷幕在十二月的忙碌筹备中走来，伴着青稞酒的清香与一声声的"扎西德勒"开启新的一年，藏历新年的种种活动就此在拉萨这片土地上渐次展开。

● 一碗"古突"拉开藏历新年序幕 ●

对于藏历新年的筹备与庆祝，由于各家的生活习惯和经济条件的差别，每家拉萨人民的家中都有不一样的准备，但是，千百年来，不论如何传承与发展，有一点是不会变的，那就是，每到藏历腊月二十九的晚上，每家每户就都会进行一场规模不一的"古突"面团宴。没有"古突"不过年，"古"就是九，在藏族新年里指二十九，"突"就是突巴，是一种流行于我国藏族地区的面粥，吃"古突"宴，代表着除旧迎新，消灾免祸。"古突"是什么？"古突"是一种用牦牛肉汤配人参果、白萝卜、奶渣熬制成的面团汤，面团需要先捏好。

正如汉族人民过年包饺子时喜欢在里面包一枚硬币或者一颗糖一样，拉萨人民在准备腊月二十九的"古突"时也会进行"特别加工"，要有意包一些东西，以测试家人在新的一年里的运气。比如，负责包"古突"的人会在面团中专门包上石子、木炭、辣椒、羊毛等夹心，然后混在正常的面团当中。

晚上大家一起享用美味的"古突"时，便是"见证奇迹的时刻"，不同的馅儿有不同的说法，吃到包着石子的"古突"，预示着要遇到心肠硬的人；吃到包着木炭的"古突"，则表示要遇到心黑的人；吃到包着辣椒的"古突"，则表示会遇到嘴如刀子一般厉害的人；吃到包着羊毛的"古突"意思是心肠软；吃到包着青稞的"古突"代表吉祥；吃到包着盐的"古突"代表懒惰，等等。有的地方，人们在做"古突"时，还会捏成太阳、月亮等不同的形状，来祈祷吉祥。

当人们端起盛着浓香"古突"的碗，夹起一块面团一口咬下去时，如果吃到了那些特别制作的馅儿，一定要当场吐出来，于是就会引起全家人的哄笑，不断吃，不断遇到，吐出，哄笑，就这样，在阵阵欢笑声中，一碗"古突"拉开了藏历新年的序幕。

在"古突"中还会有特别捏的脑袋小、肚子大的小面人儿，煮在浓浓的汤中，隐藏起来，如果它突然出现在了谁的碗中，那么，这个人就要给大家表演学驴叫、装狗叫，同时还要喝下九大勺面汤。在阵阵欢笑声中，新年的欢庆氛围越来越浓。

笑过闹过，家庭主妇会为家里的每个人准备一块用水拌好的糌粑，然后大家各自用手捏着，分别触碰全身，额头除外，一起来祈祷全家人在新的一年里身体健康、无病无灾，触碰完后要用力气使劲捏手中的糌粑，以留下自己的手指印。接着，要将之前喝剩下的"古突"倒在一个破瓦罐中，再把印着大家指印的糌粑还有提前用糌粑做好的"魔鬼"一同放入瓦罐中，进行"驱鬼"仪式。

与家人一起吃"古突"，一起欢笑，一起"驱鬼"，是很多拉萨人民家中不可少的迎新年仪式，千百年来一直延续至今，是一种信仰，更是美好的祝福和祈愿。

● 做"切玛",吃"卡赛" ●

"古突"之夜在一片欢声笑语中结束,藏历的除夕紧随而来,拉萨人民称这一天为"朗嘎"。天刚微微亮,人们已将自己家门前门框上挂了一年的旧香布换成了象征幸福吉祥的新香布(香布是一种藏式建筑门窗上挂着的,用来起装饰作用的彩色布料,常由五彩绸布缝制而成)。

"朗嘎"的一天是忙碌的一天,也是欢庆的一天,这天下午,人们开始在供桌上摆放"德卡",忙碌的迎新年活动进入了最热闹的环节。人们将用面捏成的羊头、耳朵、大腿骨等垒在一起摆放在供桌上,旁边放着长势喜人的青稞苗,同时还有提前准备好的奶渣、糖果、红枣、风干牛肉、干果、酥油、红糖等贡品。"德卡"摆放好后,家中的女主人开始张罗着做"切玛"。

"切玛"在拉萨人民心中有很重要的地位,几乎所有欢庆的节日以及家中有喜事时,都少不了要准备"切玛"。"切玛"在我国的藏族地区,有非常悠久的历史,从老一辈人的口中可知,早在松赞干布之前,西藏就已流传着喜庆节日要准备"切玛"的习俗了,只是那时的"切玛"比较简单。

从"切玛"的原料即可看出,它之所以从千百年前一直流传至今,与藏族人民所处的生活生产环境是分不开的。在古代,藏族百姓主要靠农牧业来维持生存和发展,为了感谢与歌颂,更为了庆祝和祈祷农牧业的丰收,于是人们"发明"了"切玛"这种"圣物"。"切"指的是农业里的主角之一,青稞磨粉做的糌粑,而"玛"指的是牧业的主要成果之一酥油。"切玛"由两大农牧业主要成果组成。而盛放"切玛"的盒子也是十分讲究的。

很久以前,人们将"切玛"放在一个一个木质的盒子里,同时在盒子里放入糌粑,再插上农作物,便是最初的"切玛"盒了。随着时代的发展进步,后来,人们开始把盛放"切玛"的盒子一分为二,分别装入了炒麦粒和糌粑,装着炒麦粒的那个盒子上要放拳头大小的盐巴,而装着糌粑的盒子上要放与盐巴大小相同的酥油,如此,一个完整的简易"切玛盒"便做好了。再到后来,人们觉得还是用一个盒子盛放"切玛"比较方便,于是又合二为一,改成了中间用隔板分开,而且随着文化的传承与审美的发展进步,人们开始

在"切玛盒"上画"八宝吉祥图""祥麟法轮"等图案。画好的盒子，右边装着糌粑，左边则装炒麦粒。这样的习俗延续了很多年。如今，随着人们生活水平的提高，在继承老传统的前提下，"切玛"盒又有了新的变化，现在过年，人们会在"切玛"盒内各装炒麦粒和糌粑，然后将其垒成金字塔的形状，同时还会插上表示祝福的"孜珠"以及五颜六色的花朵还有"五谷丰收头"等装饰。不论是远古的简单"切玛"盒还是如今丰富美丽的"切玛"盒，都代表着人们对风调雨顺的美好祈愿，小小的盒子盛着大大的祝福，愿新的一年一切如意，五谷丰登。

藏历新年第一天，有客人来家里拜年，会先走到摆在藏柜的"切玛"盒面前，用拇指和食指捏少许炒麦粒、糌粑，将它们向空中连抛三次，代表着先敬三宝神，然后再往口中送入少许，同时对主人说"扎西德勒"，表示新年如意，万事吉祥。

卡赛既是装饰神案的艺术品，又是款待客人的佳肴，是拉萨人民家中过年期间招待客人的一种常见的可口小吃，香甜酥脆，花样丰富。卡赛的花样经常代表着拉萨人民家中女主人的勤劳贤惠与热情，是客人十分喜欢的小吃。

卡赛的做法比较简单，在和好的面团里面加入小苏打、鸡蛋，搅拌均匀，用酥油、菜油、猪油等炸熟即可，很多家庭女主人心灵手巧，会炸各种花样，有条形、方形、耳朵形、蝴蝶形、圆形等多种造型，是节日里的一道小风景，也是一种寓意美好的吉祥物，属于藏历新年必不可少的待客美食。

藏历新年在人们的欢庆中到来，身着盛装的拉萨人走出家门，探亲访友，去邻居和亲人家拜年，而主人们会拿出美味的青稞酒，以及提前准备好的美味卡赛与客人分享，在欢声笑语和香气扑鼻的美酒佳肴中，新的一年带着人们的美好祝愿缓缓展开。

● 正月十五酥油花灯节 ●

每年的藏历正月十五，是藏族人民最喜爱的节日之一，酥油花灯节。这一天，所有藏族人民聚居区都特别热闹，尤其在拉萨，更是如此。

白天，人们身着盛装，走上拉萨街头，不约而同前往各个寺庙里朝佛祈祷，上香转经，到了夜晚，酥油花灯节最热闹的时候随着夜幕降临而来到。每年，拉萨的八廓街都会举行酥油花灯会。人们在街上搭起各式各样的花架，把酥油花灯陈列在上面，同时，拉萨的人们会走上街头赏灯，当一盏盏花灯被点燃，整个街道是一片片闪烁着的精彩与辉煌。

现在很多年轻人已经不会制作酥油花灯了，如果仔细观察老一辈人的做法，便会发现，这是一个有意思并且不太容易掌握的手艺活。在制作酥油花灯时，要先用麦草扎成骨架，然后把酥油染黑，同时用石块捣砸均匀，用来塑造基本的形体。准备好后，还需要经冰水长时间的浸泡同时配以充分的揉搓，调和各种颜色的酥油进行细部雕塑以及上色勾描，整个过程十分讲究，也需要足够的耐心细心与巧匠之手。

酥油花灯题材多样，一般最为常见的有佛祖神仙、菩萨金刚、飞禽走兽、花鸟鱼虫，以及花卉盆景、山林树木等一起组成的各种故事，最后组合成完整的立体画面。

酥油花灯节不光有花灯，还有表演。在这天，在我国藏族地区的各大寺院，都要用彩色酥油捏出神仙、人物、花木、鸟兽的形象，点燃酥油，进行祝福，这便是酥油花灯。与此同时，大多数寺院还会举办跳神等歌舞活动。进行跳神的人要身着绣袍，脸戴面具，在藏式喇叭、唢呐、牛皮鼓和锣鼓的伴奏下，边舞边歌，在欢庆的氛围中为大家带来祝福。

相传，酥油花灯节的来历是，当年文成公主进藏时，带去了一尊释迦牟尼佛像，供奉在了大昭寺，宗喀巴学佛成功以后，在佛像头上献了护法牌子、披肩，还供奉了一束酥油花，此后便有了酥油花灯节。据目前可查到的资料记载，我国藏族地区的酥油花灯节始于明朝永乐七年（1409），确为藏传佛教格鲁派祖师宗喀巴创办。当年，宗喀巴在拉萨创办传昭法会时，向拉萨大昭寺内的佛祖释迦牟尼金像供奉酥油花和供灯，以酥油花灯纪念佛祖释迦牟尼降伏邪魔，从这以后，藏历正月十五便有了酥油花灯节。

酥油花灯节是拉萨人民丰富的历史文化中十分璀璨的部分，更是中华文明不可或缺的一部分，如此有意义而有趣的传统文化，在时代的发展中更需要传承与发扬。

第二章
狂欢雪顿节，拉萨的"嘉年华"

雪顿节，拉萨最为重要和热闹的节日，这些年来，吸引了很多外地游客按时赶去参与。雪顿节上的活动丰富多彩，庄严震撼的展佛活动直击心灵，精彩刺激的赛马活动令人紧张兴奋，不胜枚举的美食应接不暇，人头攒动的街头处处荡漾着节日的欢饮。雪顿节早已成为最隆重也最受欢迎的节日，人与人之间友好互动，人与佛之间虔诚交流，在这个节日里，一切都是最美好的安排。

● 雪顿节，吃酸奶的节日 ●

凌晨，来自四面八方的群众陆续涌向哲蚌寺。哲蚌寺措钦大殿西侧展佛台的山坡上已聚集了无数游客，探路灯、手电筒等发出的亮光将根培乌孜山点缀成了星光的海洋。这是雪顿节展佛仪式前夜的壮观景象。

雪顿节在西藏所有节日中最隆重、规模最大、节目内容最丰富。雪顿，意为酸奶宴，在藏语中，"雪"是酸奶的意思，"顿"是宴的意思，所以雪顿节更被人们称为酸奶节，也就是吃酸奶的日子，在这天一定要记得吃上一杯可口的藏式酸奶，祈福平安健康。

雪顿节的来源有着非凡的意义，相传黄教祖师宗喀巴在改革西藏佛教中，为新创立的格鲁派制定了严格的戒律，规定在正值世间生命繁殖期间的藏历四月至六月，为保护生命在充分繁殖时不受到任何伤害、践踏，僧人都必须安心在寺庙念经修行，直到六月底才能开禁。开禁日过后，僧人们纷纷出寺下山，世俗老百姓为了犒劳僧人修行之苦，特备上酸奶，为他们举行野宴游行，为时一周，酸奶节便是由此而来。随着酸奶节的传承发展，后来又逐渐增加了展佛、藏戏汇演等重要项目，所以，现在雪顿节同时又叫"藏戏

节""展佛节"。

每年雪顿节期间，都会举办隆重的晒佛仪式、欢腾的藏戏表演，还有过林卡（即野炊）等活动。正是因为有了这些多姿多彩的文化活动，雪顿节期间的拉萨显得更迷人。

每逢藏历六月三十日，数万名信众和游客等不到天亮，就纷纷披星戴月徒步聚集在西藏最大的寺庙哲蚌寺山下，等待着雪顿节开幕式的第一项——展佛仪式，一睹"晒大佛"的风采。

是日，拉萨市"万人空巷"。喇嘛扛着数米巨大笨重的法号鼓着两腮、涨红着脸使劲地吹着法号、沉闷的号声钻进了山谷却回荡在人们的心里。另一些喇嘛身着绛红色的袍子、戴着金黄色的峨冠，席地而坐，他们低着头虔诚地祈祷着，祈祷世间风调雨顺，祈祷人民平平安安、幸福快乐。

当展佛的时辰一到，数十名喇嘛在法号声和人们殷殷的期盼中迅速将丝织的强巴佛像在山坡上挥展开，刹那间万道霞光洒遍佛像，此时，面对着朝阳下庄重的佛像，人们没有骚动，没有拥挤，而是默默地祈祷着，把洁白的哈达庄严地献给展开的佛像。

曾听人说，展佛节这一天，即使是天空下着暴雨，在佛像展开的那一刻，也会出现霞光喷薄洒在佛像上的奇景。

雪顿节第二重要的活动则是藏戏演出。藏戏在藏语中的意思是"阿吉拉姆"，意为"仙女姐妹"。故事多取材自民间故事、历史传说、佛教经典等，例如《诺桑王子》《文成公主》，距今已有600多年历史。高亢动人的唱腔、抑扬顿挫的独白、神态各异的脸谱、古朴肃穆的服饰和优美动人的舞姿，都散发着一种浑然天成、庄严宁静的独特魅力。

藏戏演出本无舞台，观众也常常席地而坐。如果想要看经典的藏戏，罗布林卡、布达拉宫后面的龙王潭公园是不二选择。藏戏演出期间，许多人携家带口，和亲朋好友闲适地围坐在草地上，摆上一路背来的青稞酒、酥油茶，还有自家做的各种藏式点心，听着传统的藏戏，悠闲地过雪顿节。

如果在雪顿节期间，你不去看一场地地道道的赛马，那绝对是一大憾事，当雄赛马节（"当吉仁"赛马节）则是雪顿节期间另一个重要的传统节日。在每年的赛马节上，人们都会身着传统服饰一睹骏马和选手的风采。

赛马将赛马节推向了高潮！游客三五成群，在茫茫人群中寻找着自己的"英雄"，并为之喝彩。在赛马节上，有一种"小跑赛"最为惊险，这种比赛不是以速度为第一准则，而是要稳中求快，人和马在比赛过程中要保持优美的姿势！

在整个赛马过程中，很多姑娘总会时不时地传来阵阵喝彩！一方面是为选手精湛的技艺欢呼，一方面是给自己心仪的选手鼓舞加油。

在赛马节上还有一些其他适合所有游客共同参与的比赛项目，如抱举石头比赛和锅庄舞，人们尽情享受着节日里欢快的气氛。

另外，雪顿节的藏式特色美食展也是雪顿节期间的一道独特风景线。雪顿节美食展用现代文明的方式诠释了西藏传统美食，通过一系列展卖、表演、竞赛等活动，展现西藏美食的独特之处，让更多人通过了解西藏美食，进而了解整个西藏民族的文化特色。

雪顿节是拉萨人民最为重要的节日。在雪顿节期间，如果你也有幸参加这个活动，无论你与他们是否相识，只要你到了他们的帐篷里，你就是他们尊贵的客人，他们就会热情地给你唱敬酒歌、祝福歌，他们说："闪亮的酒杯高举起，这酒中装满了情和义。祝愿朋友吉祥如意，祝愿大家一帆风顺；欢聚的时刻虽然是那样的短暂哟，友谊的花朵却开在我们的心里，美好的回忆留在我们的心中。"

在这种盛大的节日和好客的氛围中，你怎么能够拒绝他们这样的热情呢？那就喝吧，而且还是连喝三碗，就是拉萨人民所说的三口一杯，敬天、敬地、敬神。

这就是西藏的节日，西藏那饱满的雪域风情。扎西德勒！

● 展佛：一年一次的朝觐 ●

按照雪顿节传统习俗，开禁的首要活动就是展佛。哲蚌寺展佛是西藏的传统节日——雪顿节真正意义上的开始。据载，哲蚌寺展佛起始于300年前的五世达赖喇嘛时期，时间在藏历六月十三日早晨八时左右。是为纪念佛祖三大行迹，同时也为缅怀历代法王恩德，在拉萨的哲蚌寺、色拉寺分别举行展佛活动，在拉萨三大寺庙之一的哲蚌寺，将展出巨幅唐卡佛像，每年都有5万多名信徒和游客赶来朝拜和观看。另外，这也是一年中唯一的一次展佛，展佛之日，当东方第一缕曙光照射到大地之时即为佛像展开的最佳时辰，所以雪顿节的另外一个名字即是"展佛节"。

"展佛"，顾名思义即将在室内放置一年的巨大佛像请出来，在露天

展示。一方面是为了防止巨大佛像霉变和被虫咬，另一方面则更为重要：这是寺庙僧人和信教群众对佛祖朝拜供养的一种特殊方式。佛像制作工艺十分烦琐、复杂，实际是一种特制的大型唐卡，在卷轴画中极其稀少，因此是难得的珍品。

每年的展佛活动总是异常隆重、神圣以及震撼人心，信众们都纷纷加入佛事活动中，并且成为常态化，当地人甚至把四大法会称之为"四大观景"。

展佛仪式分为三个部分：展佛、诵经和拜释迦牟尼金身塑像。

展佛活动伊始，巨幅堆绣唐卡已被数百位僧俗信众请出大殿。但见几位须发斑白的僧人手持法器，缓步引导着这条由不断加入的各种肤色、各种信仰的人们，他们用头、用手臂、用身体、用哈达紧紧护卫着的丝织巨龙，在岩壁间蜿蜒前行。所过之处拥挤不堪的人群迅速闪开一条缝隙后，又迅速围拢追逐着巨龙。

只见整幅佛像，从山顶延展到山腰，气势磅礴、场面壮丽。当覆盖在佛像上方的金色丝帛被信徒和僧人们徐徐展开，佛像的真容也就呈现在了人们的眼前：连缀在大唐卡上的巨幅佛像堆绣，色彩鲜丽，形象逼真，从下仰视，栩栩如生，俨然如佛陀再世！

展佛结束，诵经开始。诵经则由哲蚌寺内的三位高僧一起主持。早上7时30分，僧人齐念《平安经》（又称《祈福经》），祈祷展佛顺利，同时为天下苍生祈祷平安幸福、避免灾祸。诵经声通过一个大喇叭传播四野，洪亮的经声响彻山谷，在两里路之外皆可闻。

诵经结束后，信徒在拜释迦牟尼金身塑像时将"表心意"并进献哈达。在我国的藏族地区，献哈达是一种既普遍又崇高的礼节。无论婚丧嫁娶、民俗节庆、拜会尊长、迎送宾客、朝觐佛像、音讯往来、求情办事，以及新房竣工、认错请罪等都有献哈达的习惯。献哈达表达了藏族人民对佛表示纯洁、诚心、忠诚和尊敬。

释迦牟尼金身塑像被供奉在临时搭起的高高的宝座上，头罩黄盖伞，身披白哈达。此佛像和展佛唐卡一样都是每年才露一次面。并且，在塑像前有一小型唐卡，挂在两杈柳枝上，用来辟邪。塑像就在展佛台下不远处，信徒和游客们手捧哈达和钱币，排起了长队。哈达还是古老的哈达，"心意"几毛的零钱已经拿不出手了，献5元、10元人民币者居多。粤港两地游客不时

077

还会献上百元大钞。

关于展佛节，在西藏工作多年的藏学家廖东凡先生对此有过一段描述："这是一幅大得令人难以置信的彩缎堆绣佛像，整整覆盖住六七层楼高的峭壁。千万朝佛者匍匐在他的下面，对比起来竟是那样的渺小。人们被佛的巨大和崇高震撼了，连连五体投地顶礼膜拜，每个人都在祈祷着，在我周围，祈祷声如同海涛此起彼伏。"

整个展佛仪式结束后，广场上开始热闹起来。若干支藏戏队几乎同时献演开场戏，刹那间，鼓点声、祈愿声、诵经声、欢呼雀跃声及音箱里里传出的流行歌曲声，全部交织在一起，由层叠的山谷传向四方。这种气势宏漫，集神圣与欢愉、精神与物质于一体的独特氛围感染着所有参与展佛节的群众，很多进藏的游客们也被此时的情景吸引，进而参与其中，直至全身心投入并成为雪域大地上一场行为艺术的构成元素。

展佛节当天，一波又一波的信众们面对巨佛顶礼许愿后，心满意足地为后续的信众腾出空间进行顶礼许愿……芸芸众生如此循环更替，一直持续到午后时分。午后2时左右，巨幅唐卡被小心翼翼地收卷起来，再由僧俗信众护卫送回大殿收藏，等待着新的一年雪顿节再与众生相会。

在西藏，除了哲蚌雪顿节展佛活动，拉萨三大寺之一的色拉寺亦有藏历六月三十日同天展挂唐卡佛像供人们瞻仰的习俗。此外，还有白居寺展佛、甘丹寺的甘丹色唐即亮宝节、扎什伦布寺展佛、楚布寺展佛、藏东强巴林寺展佛等。

● 一场藏戏的盛宴 ●

古老的时候，在雅鲁藏布江上，没有桥梁，想要渡江，只能依靠牛皮船。然而，能否渡过江却全靠运气。如野马脱缰般的激流，将数不清的牛皮船一次又一次地掀翻，船上那试图过江的百姓，就这样被咆哮的江水吞噬。年轻的僧人汤东杰布看到这样的场景，于心不忍，便许下宏愿，要在雅鲁藏布江上建造一座桥，让老百姓避免葬身江中。一无所有的汤东杰布，并没有赢得大家的善念，招来的只有一阵哄堂大笑。

汤东杰布面对各种嘲笑并没有气馁，反而知难而上，最终有了这样一段传奇。汤东杰布走到山南琼结，结识了七位能歌善舞的姑娘。他便突发奇想，将她们组成了一个藏戏班子，将宗教故事、历史传说等用歌舞说唱的形式表演出来，劝人行善积德、出钱出力，共同修桥。随着雄浑的歌声响彻雪山旷野，众人被她们的表演和汤东杰布的善心和恒心打动，纷纷出力，富裕的人献出钱财，农民送来粮食，更有大批的能工巧匠跟随他们，开山架桥，从一端走到另一端……

藏戏的种子也随着架起的一座座桥洒遍了整个雪域高原。所到之处，人们无不惊叹，纷纷赞美姑娘们俊俏的容貌、婀娜的舞姿以及优美清新的唱腔，观众们惊叹道：莫不是阿吉拉姆下凡跳舞了吧！因此以后人们就将藏戏演出称为"阿吉拉姆"。

就这样，身无分文的汤东杰布通过七位姑娘沿途演唱的形式，在雅鲁藏布江上留下了58座铁索桥，同时，成为藏戏的开山鼻祖。

藏戏是藏族戏剧的泛称，是以民间歌舞形式表现故事内容的综合表演艺术。藏戏在历史上多伴随节庆、庙会、集市、募捐等民俗活动，主要在拉萨、日喀则、山南和康区的集镇、乡村或庄园演出，其形式和风格带有强烈鲜明的藏族特点和浓郁突出的雪域神奇色彩。

在几百年的发展中，藏戏形成了自己固定的程式：第一部分称为"顿"，又称"温巴顿"或"甲鲁温巴",其内容主要是净场祭祀、祈神驱邪、祈求祝福,并开场陈说藏戏历史以招揽观众;第二部分称为"雄",是正戏,表演故事的主要部分;第三部分称为"扎西",意为祝福迎祥,具有庆贺演出成功之意。随着时代和故事的变迁,逐渐形成以唱为主,唱、诵、舞、表、白和技等基本程式相结合的生活化的表演。

此外,藏剧的服装从头到尾只有一套,没有化妆、就靠一套面具撑起整场表演。藏剧传统剧目流传至今共有十三大本,其中最为著名的有《文成公主》《诺桑王子》《朗萨姑娘》《苏吉尼玛》《白玛文巴》等剧目。这些剧目多含有佛教或者历史内容。

西藏民间藏戏剧团十分普遍。农村的广场上,随时随地都可以看见藏戏剧团或搭帐篷、或扯帆布就地演出。一出戏演出时间长则三天三夜,甚至六七天;短则两三小时,皆由戏师控制决定。全体演员,不论是否扮演剧中角色,全部出场,围成半圈,轮到自己表演时,即出列表演,其余时间参加伴唱和伴舞,依此循环。演出不分幕和场次,剧情讲解者和伴唱伴舞实际上起着分幕的作用。一般只要帐篷一搭,周围方圆十里的群众便会络绎不绝地前来观看,将广场围得水泄不通。

藏戏唱腔高亢雄浑,基本上是因人定曲,每句唱腔都有人声帮和。藏戏原系广场剧,只有一鼓一钹伴奏,无其他乐器。藏戏艺人的唱腔、动作丰富多彩,不一而足。不同的人物用不同的唱腔来演唱,不同的情绪有不同的舞蹈动作来表达,不同的流派、不同的戏班更是有各种风格的表演形式。

在藏戏里,身份相同的人物戴的面具,其颜色和形状基本相同。善者的面具是白色的,白色代表纯洁;国王的面具是红色的,红色代表威严;王妃的面具是绿色的,绿色代表柔顺;活佛的面具是黄色的,黄色代表吉祥;巫女的面具是半黑半白,象征其两面三刀的性格;妖魔的面具青面獠牙,以示压抑和恐怖;村民老人的面具则用白布或黄布缝制,眼睛、嘴唇处挖一个窟窿,以示朴实敦厚。

面具运用象征、夸张的手法,使戏剧中的人物形象突出、性格鲜明,这是藏戏面具在长期发展的过程中得以保留的重要原因之一。

雪山江河、草原大地作为背景。藏戏的艺人们席地而唱,不要幕布,不要灯光,不要道具,只要一鼓、一钹为其伴奏。

观众团团围坐，所有的剧情都靠"雄谢巴"的解说和艺人们的说唱来描述。艺人们唱着、说着、跳着，在面具下演绎着各种故事。藏戏就如台上的故事，一代一代地传下去。

由于有严格的宗教神规制约，藏戏一路发展而来，受汉族文化的影响比较小，不论是表演内容还是表演形式，很大程度上保留了原始风貌，因此在戏剧研究学等领域具有非常高的学术价值。而且，藏戏的剧本也是藏族文学的一个高峰，它既重音律，又重意境，运用了大量的格言、谣谚和成语，甚至还在剧情里穿插了寓言故事等，很好地保留和传承了藏族古代文学语言的精华。近年来，国家乃至世界，对民族优秀传统文化都越来越重视。2006年5月20日，藏戏经国务院批准列入第一批国家级非物质文化遗产名录，2009年，藏戏被联合国教科文组织列入了人类非物质文化遗产名录。

● 拉萨雪顿节新时代的变迁 ●

雪顿节是雪域高原文化中历史最悠久、社会影响最深入、群众参与最广泛的传统节日之一，被国务院列入首批国家级非物质文化遗产名录。

从1994年拉萨市委、市政府主办雪顿节以来，雪顿节已经不再是单纯的宗教活动，而是演变成全民参与的林卡节日、民俗节日，是西藏十分珍贵的非物质文化遗产。千年雪顿被赋予了新的时代内涵，多彩的民俗传统与绚烂的现代文明交相辉映，使悠久的历史文化在继承和创新中发扬光大，焕发出崭新的生机和活力。

随着社会的不断进步，生活水平的提高，人们庆祝雪顿节的方式和风俗习惯多多少少发生了一些改变。

民主改革前，雪顿节由于受宗教影响，每次都是由噶厦政府操办，内容是展佛、看藏戏、过林卡，极其简单。雪顿节首天，各藏戏团体要在哲蚌寺、布达拉宫、罗布林卡举行"谐泼"，向孜恰官员报到，觐见达赖喇嘛；第二天，在哲蚌寺举行展佛活动，早上8点多，几百个青壮年喇嘛抬着几十丈高的唐卡佛像，在哲蚌寺背后的半山腰上，伴着宗教乐队，让数以万计的僧侣群众瞻仰朝拜；随后就是雪顿节最具有看点的藏戏表演，各个藏戏团在哲蚌寺进行演出，期间还会在布达拉宫、罗布林卡巡回演出。

早期藏戏表演主要是四大蓝面具藏剧团体轮流演出，演出剧目也都是被规定的传统剧目，有《顿月顿珠》《诺桑王子》《文成公主》等。雪顿节还有一个主要内容就是过林卡，每年雪顿节期间，西藏各地的群众都会齐聚在拉萨罗布林卡，与亲戚朋友围坐在一块草滩上，吃着藏族独特的糕点，喝着自己煮的酥油茶和甜茶，尽情地享受节日的欢乐。

随着时代的进步与发展，雪顿节的庆祝方式已不单单是展佛、看藏戏、过林卡，雪顿节被赋予了新的时代内涵。从近几年雪顿节的表演内容来看，当代拉萨雪顿节呈现出以下特点：

传统与现代相融。西藏雪顿节在几百年的发展中，不仅没有丢失传统，而是更加巩固了节目的完整性，比如展佛、藏戏会演、传统体育竞技等活动。但同时又与时代相结合，增加了许多现代化文化元素。传统的宗教文化和现代流行因素相辅相成，既传承了几百年的传统宗教文化艺术，又顺应了时代潮流，扩宽了文化的多样性，促进了雪域高原儿女与外界的交流。

经济与文化交融。当代雪顿节对西藏的旅游经济发展起了至关重要的作用。雪顿节既是民俗文化，又是假日经济。展佛、藏戏会演与商品展销、花卉等交替呈现，实现了西藏独特的民族文化和现代经济的交融发展，不仅将雪顿节打造和巩固成了西藏的文化名片，更将其塑造成了西藏的经济品牌，两者相互成就，相辅相成。

宗教与艺术齐聚。藏戏的剧种和流派繁多，内容以佛经故事为主，带有浓烈的宗教色彩。但是，藏戏也不是一成不变，而是随着时代的变迁，融合了各个时期最优质的形式与表现手法，由一张面具唱完整场剧目，逐渐形成当代以唱为主，唱、韵、舞、表、白、技等基本程式高度综合的戏曲艺术。藏戏表演不仅继承了传统的宗教文化，而且创新了剧本的内容，加入了现代舞蹈和空翻动作，具有鲜明的时代特征和世俗精神。

当代雪顿节不仅继承了传统，并在基础上进行了进一步创新，既保留了传统雪顿节宗教与世俗的特点，又增加了新的内容，融入了当代多元文化和娱乐因素，在满足了当代人们的精神需要的同时，又顺应了市场经济发展的需要，凝聚雪顿节传统的宗教、民俗、经济、文化、社会、生态等多方面的因素，结合现在的时代特点，向世界人民展示了雪顿节的现代文化内涵和时代特征，提升了雪顿节、西藏的知名度和美誉度，也促进了西藏经济、社会、文化的交融，将西藏和世界更加紧密地连接起来。

  如今的雪顿节，已不是简单的传统节日，已经与拉萨的城市精神相生相融，处处体现着崇尚自然、谦和善良、热爱生活、开放包容的"拉萨心情"，已经成为传承民族文化、展示城市魅力的重要平台，成为促进民族团结、凝聚奋斗力量的桥梁纽带……

第三章
节日月月有，趣味各不同

拉萨有趣好玩、历史悠久的节日不胜枚举，每个节日都有其特殊的意义与习俗，不论是节日里的多彩活动还是庄严仪式，或是节日里人们的着装与准备好的各种节目，再或是街头巷尾，家家户户飘着香气的美食，都是节日里必不可少的部分，都是人们幸福生活的最直接表达。

● 青稞酒，酥油茶，带上美食过林卡 ●

欢歌跳舞，畅饮青稞酒，骑马射箭掷骰子，是过去西藏农村过节日最典型的写照。每年藏历五月一日至十五日的半个月里，人们都会走出家门，来到浓荫密布的林卡游乐。

林卡节藏语称"孜木林吉桑"，在汉语中的意思为世界焚香日，世界快乐日。随着时代的进步，慢慢地成了一种民族节日，林卡节举办的时间不定，一般在每年的藏历五月一日左右举行，甚至有些地方会举行十多天。节日期间以娱乐为主，他们夜以继日地跳舞、唱歌、掷骰子、打藏牌、玩游戏、讲故事、喝酒狂欢，有时他们还会观看电影、参加文艺节目表演、看藏戏等等，彪悍的男人们则会选择参加射箭、竞技等各种比赛项目。

林卡节的来历还要从莲花生大师说起。据说，早期的西藏地区曾经灾难连连，各种妖魔祸害西藏人民，那年五月，莲花生大师经过与妖魔的一轮又一轮的斗争，终于降伏了一直作乱于这片土地上的一切妖魔。藏族人民为了庆祝这个幸福的时刻，热爱大自然又能歌善舞的藏族人民便在这一天身着节日盛装，带上青稞酒和酥油茶及各种美味食品来到林荫密布的林卡，搭起帐篷，边吃边喝边歌舞，尽情享受大自然。各帐篷间还互相邀请，后来，热情的民间艺人也加入其中，纷纷献艺，使节日达到高潮，常常延续达一月之久。

过林卡是藏族同胞在高原气候和生活环境中养成的一种习惯，在冬长夏短的高原，温暖明媚的时节是非常宝贵的，要珍惜大自然的恩赐；而且此时恰逢农闲季节（多集中在六到九月），正是人们享受、体验大自然无限美好的时节。

还有一种说法是，相传在很久很久以前，在一个春暖花开的日子，日喀则城里的男人们一早就骑着毛驴到远郊朝见"莲花佛"，妇孺则带上食品聚集近郊，迎接观神得福的亲人归来，然后汇集于路旁的林卡之中，这样便形成了最早的过林卡活动。后来，这一活动加进了比试坐骑毛驴及射箭等比赛内容。不过，这些活动在今天的林卡节里已经见不到了。

拉萨过林卡的主要地方是罗布林卡、龙王潭公园，以及哲蚌寺和色拉寺附近的林地里，日喀则人过林卡主要集中在班禅新宫（德钦颇章宫）外和刚坚果园宾馆内的果园里，泽当镇过林卡主要在雅鲁藏布江边、贡布日神山脚等处。过林卡以家族和朋友为主，内容多为吃喝玩乐、唱歌跳舞，有时会有群艺表演和文工团表演。由于各地的节气不同，各地林卡节时间也不尽相同。例如，六月一日是日喀则最热闹的节日，一般日喀则的萨嘎达瓦节在这段时间举行，全城休三日，老老少少几乎天天在野外过逍遥日子。

在以前，其实过林卡是有等级之分的。西藏和平解放以前，到林卡消暑度假的，只是三大领主及生活比较富裕的中上层人士。平叛改革以前，在拉萨嘎木夏林卡、尼雪林卡、喜德林卡、日喀则的"吉采"林卡等地，穿着艳丽服装的有钱人，会搭起帐篷竞相享受林卡节的快乐，而在帐篷四周，总有一群群衣衫褴褛的"帮古"和卖唱的流浪艺人眼巴巴地等待着达官贵人的施舍。

西藏民主改革后，百万农奴翻身做了主人，生活逐渐富裕。于是自冰雪消融、春回高原，直到北风袭人的初冬，多半年里，过林卡的人群络绎不绝。每逢节假日，更是达到了高潮，有些时候，城镇的机关单位及集体手工业、建筑业、商业等单位组织共青团员们过团日，也喜欢到林卡里来进行集体活动，过林卡已成为翻身农奴幸福生活的一个重要内容。

现在，藏族人民在之前的基础上增加了更多活动，并且十分丰富。总的来看离不开两个主题：敬神和娱乐。节日前，人们就要去林卡选择地方，并尽早搭好帐篷和准备好必要用具。节日到来，身着盛装的人便源源不断地从城里涌向郊区的林卡，汽车、骡马、自行车、摩托车载着人和桌椅、食品、饮具，熙熙攘攘地行进在大街小路上。有的在林卡里搭帐篷，帐篷大都是白色的，绣着蓝色的吉祥图案，朴素而美观；还有的人家用五颜六色的帐篷，并在帐篷里架起炉灶，安置桌椅，铺上卡垫，摆上各种点心、菜肴、饮料……

流传于藏族民间的这些传统的、多姿多彩的宗教节日，究其根源都与生活在雪域的藏族的生产活动、文化生活、宗教信仰密切相关。这些节日世代相沿，已成为藏族人民生活中重要的、不可缺少的内容了。

● 赛马节：追风少年与万人狂欢 ●

藏族谚语有云："赛马要在平坦的草原上，英雄要在烈马的脊背上。"

赛马大会的缘起，还得追溯到17世纪，蒙古和硕特部落首领固始汗率部入藏，选中拉萨西北部的草原牧养军马，进行军事训练。这片草原位于念青唐古拉山南麓，平坦宽阔，水草丰美，故被命名为"当雄"，意为"精心挑选的牧场"。当雄位于拉萨北部，是拉萨通往西藏北部牧区的"北大门"。蒙古骑兵规定每年举行一次检阅式。铁骑声远，现在历史上每年一次的骑兵检阅式已演变成为"当吉仁"赛马节。

"当吉仁"意为当雄最舒服的季节，又有祈福的场合或赛马节之意。2008年6月，"当吉仁"赛马节入选国家级"非物质文化遗产"名录。"当吉仁"赛马节不仅仅是西藏人民自娱自乐的活动，还是集发扬民族体育、展示传统民族文化和物资展销交流为一体的文化旅游产业品牌。

"当吉仁"赛马节为期7天，比赛的内容和形式在继承传统的基础上不断创新，使传统和现代有机结合起来，赛马节的内容主要包括马长跑、马中跑、马短跑、走马、马术表演，并且在马术的基础之外增加了藏式举重、射击、拔河、锅庄舞表演、时装表演等。如今，"当吉仁"赛马节已经成为当雄民间传承的节目中，不可缺少的重要组成部分。

当雄各乡镇的居民从小在马背上长大,在草原中逐梦,"当吉仁"赛马节展现的就是他们最自由的灵魂。

马术运动在西藏象征吉祥、勇敢和智慧。马术运动在西藏,犹如麻将在四川。农牧区每逢重要节日,哪怕只有十几户人家都要举行赛马活动。藏族人民和马的感情很深,新年里看赛马、听马蹄声,来年会风调雨顺、身体安康,是很吉祥的事情。赛马可以说是农牧民丰收时的庆祝节目,大家在草原上喊叫、奔跑、绕、接勇士的帽子,发出最愉快的呼声、哨音。

赛马文化在西藏能够如此流行,其中无疑包含着对英雄的崇拜。在我国的藏族地区,有些地方的赛马节的习俗与抵御外来入侵、捍卫本土、开疆拓土、创建岭国,以及立下赫赫战功分不开。比如,沿袭格萨尔每次出征前要举行跑马射箭的习俗而形成的赛马节。

格萨尔在西藏草原可以说是牧民心中的英雄。格萨尔诞生在西藏高原,为民族的统一做出了巨大的贡献。并且他也是通过赛马比赛获得胜利的方式被群众拥戴为王的。所以,在藏族人民的英雄崇拜信仰中,力量、勇敢、智慧成为向往、崇拜的对象,成为衡量男人价值的标志。长期以来,格萨尔都是藏族的骄傲和崇拜的对象。久而久之,这种崇拜风俗文化在藏族人民中间

根深蒂固，并融于赛马活动之中，并由此形成了长期在草原上过游牧生活的藏族人民的勇敢、剽悍的性格。

虽然现在，汽车的普及，让马在一定程度上解放出来，但是，马在藏族人民心中的地位从未降低一分一毫。从古至今，马与藏族人民的物质追求和精神渴望依旧紧密地联系在一起。藏族人民日常生活中最亲密的伙伴依旧是马，马甚至可以说是牧民心中的生命，并且贯穿藏族人民生活的各个方面，包括生老病死、放牧、远行、婚嫁迎娶，都要骑上自己心爱的马。

爱马是藏族人民的天性，赛马更是藏族人民娱乐生活的主要内容。在我国的藏族地区，处处有赛马活动，并且在藏族所有的节日中，赛马活动都必不可少，甚至由赛马活动唱主角，赛马活动为节日增色不少。可以说，凡是大型的节日，赛马都是藏族的一个极具特色的民俗。赛马已成了古往今来西藏人民最持久、最普遍的群众性活动，并由此创造了藏族世俗文化最为重要的一个组成部分——赛马文化。

赛马节不仅有竞技功能，还富有其他的内涵。

比如，人们通过赛马会娱乐身心，欢庆丰收，显示年轻人的勇敢与剽悍，同时祭祀大地神和雪山神。其中以当雄和那曲两地最为热闹，历史也最为悠久。此外，赛马节也是一个恋爱的季节，藏族人民习惯将之视为"浪漫"。赛马节之前，方圆几百公里各乡各地的牧民们便带着帐篷，身着艳丽的民族服装，佩戴齐各自最值得炫耀的珠宝饰物，于花海似的草原中一路踏歌而来。

赛马会同时还是牧民财富的展示会，牧民们大都用出售畜产品和虫草、贝母、麝香等的收入制作华丽的帐篷，购买服饰打扮妻女；在帐篷上绘制金鱼、海螺、胜利幢、福瓶、莲花、吉祥结、法轮、伞盖吉祥八宝，并且高插五色经幡。

赛马会又是物资交流会，扶老携幼的牧民们搭起密密麻麻的帐篷，出售自己生产或采撷的肉类、酥油、湖盐、虫草、贝母，并且买进整整一年需要的生产生活用品。赛马会结束，他们就会骑着装饰美丽的马，赶着驮满物资的牦牛，欢天喜地地回到自己的牧场。

●望果节：一场流传1500年的感恩游行●

相传，在公元5世纪末，藏王布德贡坚为确保每年的粮食能够取得丰收，向雍仲本教佛祖请教。佛祖被藏王布德贡坚的诚心打动，于是施旨，让农民绕田转圈，由手捧香炉、高举幡杆的人做前导，由高举缠绕哈达的木棒和羊右腿的教主领路，领着持青稞穗或麦穗的本村乡民绕地头数圈后，把各种谷穗插在粮仓和神龛上，祈求风调雨顺、五谷丰登，然后吃丰盛的野餐。于是，便有了祈盼丰收的"望果节"。藏语"望果节"中的"望"，意为"田地"，"果"为"转圆圈"，"望果"节可译为"在田地边上转圈的日子"。

公元8世纪后期，西藏进入以宁玛派为代表的印度佛教兴盛时期，"望果"活动也带上了宁玛教派的色彩。14世纪时，格鲁派创始人宗喀巴来到西藏，通过整顿西藏各教派，使格鲁派成了西藏的主要教派，居统治地位。这时"望果"形成具有一整套宗教祭祀仪式的欢乐活动。也就是从这时开始，为预祝丰收，包括"绕田游行"和"庆典"两部分内容的"望果节"，才被列入西藏农区的正式节日。

如今的"望果节"已从单纯的宗教节日，演变为以赛马、射箭、歌舞、藏戏、物资交流为内容，集文艺、体育、商贸于一体的节日，极大地丰富了当地西藏农牧民群众的物质和文化生活。2014年11月11日，望果节经国务院批准列入第四批国家级非物质文化遗产名录。

望果节的时间和地点并不是一成不变，其主要流行于西藏自治区的拉萨、日喀则、山南等地。具体日期随各地农事季节的变化而变化，但也不是无迹可寻，一般在青稞黄熟以后、开镰收割的前两三天举行，主要集中在每年藏历七、八月间，不过望果节的日程会根据时间、地域以及当地的农作物成熟情况由乡民集体议定。

望果节的首日清晨，转田的群众早早地集中在寺庙前的香炉旁，这时"拉啦"（民间咒师）已经开始进行活动前的宗教仪式了。即将出发时，村民们按部就班地开始转寺庙、煨桑（烧香）等，举行一系列的宗教仪式。寺庙前的广场上此时显得既庄重又热闹。

当第一缕阳光洒满金黄麦田的时候，农民们便手持麦穗围着农田转圈，首当其冲是由喇嘛和老农组成的仪仗队，他们高举佛像，背着经书，吹着佛号，感谢上天又一次为农民带来了风调雨顺。

在游行过程中，会有村民提着青稞酒向转田的人们一一敬酒，以示对丰收年的美好祝愿。喜好喝酒的男人们这时会从自己的衣襟里面掏出酒碗盛满青稞酒，三口一杯之后，方才被允许通过。妇女们则没有带酒碗的习惯，这时她们只好以手当碗捧酒喝，依旧是三口一杯，这也是西藏酒文化中一个特别有趣的现象。

凡是转田队伍经过的地方，必将会有祥瑞，农田上方则会呈现出一片桑烟缭绕的景象。此时，不管是在田间劳动的还是正在做其他事情的人，都会

停下劳作、驻足，转向转田的队伍大声喊道："恰古修……央古修……"似乎此时此刻，整个世界都会被感染，并且沉浸在招财引福的喜庆气氛中。爱美的女士们在转圈的过程中，总会不时地在路边采些油菜花、青稞穗、荞麦花等，与"达达"（吉祥彩箭）一起握在手中，以此表达丰收到来时的喜悦心情。按习俗，这时凡是转田队伍经过的人家，都要有一人在屋顶上迎接，其意也是迎接福气。对辛勤耕耘的农民来说，看着即将收割的麦田，呼吸着飘来的麦香，都会为此感到欣喜陶醉，情不自禁地悠悠唱起古老的丰收歌谣。

最后，队伍转完一圈回到出发地，来到村头寺庙旁，举行最后的宗教仪式。彼时鼓乐齐鸣，糌粑飞扬，在无比欢快的气氛中，仪式才圆满地落下了帷幕。

转完麦田以后，照例要在广场上举行群众性文娱体育活动，其中有藏戏、歌舞、跑马、射箭、拔河等，相互竞争技艺，气氛十分热烈。望果节期间，家家户户都早早地准备充足的酒食，女性穿上最漂亮的衣服，或在广场四周的草场上野餐，或在村子里邀集亲朋好友宴饮，或在晚上围着篝火跳舞，对歌调情。有的地方，望果节要持续三四天，安排的文体活动根据节期的长短或繁或简，辛勤了一年的农人们都希望在节日里玩个痛快，他们跑马射箭、彻夜狂欢，在歌与舞的旋律中尽情享受节日的快乐。

节日一过，紧张的秋收便开始了。

第四篇
DI SI PIAN

肆

载一抱素,虔诚敬奉——拉萨信仰习俗

每个人心中都有"一座山"神圣不可侵犯，这便是信仰。每个人的信仰可能都不太相同，却有着殊途同归的性质，那就是信赖、尊重，不容亵渎，永远珍藏于心。拉萨这片历史悠久的土地，在时间的长轴里，诞生和发展了很多信仰，民间神灵崇拜和宗教的演变发展，在这里守护着人们的心灵、独特的信仰习俗，造就了这里独特的信仰文化。

第一章
民间信仰

每个古老的民族和城市，都有着属于自己的文化和民间信仰，在拉萨，丰富的民间信仰历史悠久，多姿多彩。人们崇拜山川河流，崇拜动物与色彩，崇拜大自然神秘的力量与现象，每种崇拜与信仰，都有其特殊的意义与精彩故事，代代相传，历久弥新。

● 每一座山峰都有神灵 ●

当风轻轻吹过念青唐古拉山，每一片草叶每一朵雪花，都开始讲述流传于这里的神话，一个个动人的故事在绵延起伏的山间随风而动，越过山岗，飘过草原，掀起帐篷上的门帘，来到人们的身边。古老的传说和传说中的神灵，在这片土地上被传了几千年，人们的神山崇拜一代代传下来，是藏族先民自然崇拜的主要形式之一，是我国藏族地区原始信仰体系的基础。

在我国，有关山神的传说可谓源远流长。成书于两千多年前的《山海经》，就记载了很多有关山神的传说。《太平广记》里也收录了大禹囚禁商章氏、兜庐氏等山神的故事。《五藏山经》里还对诸山神的状貌做了详尽的描述。而藏族人民对山神的崇拜也源远流长。大量本教和藏传佛教的典籍中，记载着天、地和山是西藏人民最初的崇拜对象。再后来，出现了各种祭天、祭地和拜山的仪式。

西藏地区有很多很多山，南有世界最高的喜马拉雅山脉，北有昆仑山脉和唐古拉山脉，横亘中西部的众山之主冈底斯山脉和最著名的护法神念青唐古拉山脉；东部蜿蜒着纵横南北的横断山脉。西藏人民的生产生活融入了山中，一年年，一代代，融于一体。在藏族百姓心里，远远近近的山，是各路神灵栖息的处所，不可以随意打扰和亵渎，面对山，要充满敬意。

比如，藏族百姓认为，在我国的藏族地区，人们不可以随意焚烧垃圾，因为这样的行为会惹怒神灵，给大地招来冰雹、干旱等灾害。而在山神居住的地方，更是不可以随意破坏草木，如果需要砍伐树木，一定要立刻用土将树桩埋上，不然就会受到山神的惩罚，参与砍树的人就会被病魔缠身。

如果你稍加留意，就会发现，在通往各座山上的路途中，随处可以见到祭祀山神的五彩神箭台和烟雾缭绕的煨桑台。到了每个宗教节日，信众们便会带着虔诚的心去转山。经幡随风飘扬，桑烟在风中袅袅飘荡，人们带着刻有六字真言的牛头和石块来到神山面前，毕恭毕敬地置于山崖上。在藏族百姓心中，所有的自然现象都是神灵的安排，人们经过祭祀祈祷，叩首诵经，就能够与神灵进行沟通，就可以得到神灵的庇佑和帮助。在藏族百姓的心中，山神拥有着至高无上的权力，他们掌管着人们的吉凶，掌管着风雨雷电，他们的喜怒哀乐直接影响着人间是否风调雨顺，庄稼是否能大获丰收，狩猎能否满载而归。

在藏族百姓的认识里，山神比任何一种神灵都更容易被触怒。所以，不论什么时候，只要经过高山雪岭、悬岩绝壁、原始森林等地方，就一定要小心谨慎，尽量避免高声喧哗，也不可以大吵大闹，不然触怒了山神，就会换来狂风暴雨雷电交加等恶劣天气，甚至还会引发山洪。如果在冬天惹怒了山神，还容易引来铺天盖地的大雪，冻死牛羊，冻坏人们，影响人们的正常生活。

山神在西藏人民心中是十分灵验的神。而且，人们常说，山神常以骑马的猎人形象在高山峡谷中巡游，常在山里的人很容易面对面遇到山神，如果不小心冒犯了神灵，触怒他们，那么就会引祸上身，轻者患病，重者死亡。

在所有我国的藏族地区，最常被传颂祭拜的神山主要有梅里雪山、阿尼玛卿、冈仁波齐、苯日神山、墨尔多神山、尕朵觉沃、雅拉雪山、喜马拉雅山。每一座山峰都有很多属于它们的传说与故事，很多带有传奇色彩的故事都被西藏人民口口相传，代代流传。每一座山峰上都住着神灵，他们庇佑着山下的人民，也监督着人们的言行举止。每一座山峰都代表着藏族人民对自然的崇拜与敬仰，都是藏族民间故事与神话传说的发源地，是藏族文化的发源之一，也是人类对大自然敬畏之情的寄托之一。

● 用神湖圣水洗涤心灵的污秽 ●

如果有一个地方能够让人从世俗的烦扰中抽离疲惫的身心，如果有一个地方在初相遇后的很长时间里让你念念不忘魂牵梦绕，如果有一个地方能够帮人们洗涤心灵找回自己，这个地方一定是纳木错。

纳木错坐落在拉萨市，湖面海拔 4718 米。从南岸到北岸，湖面有 30 千米宽。一望无际的广阔草原在湖水的四周展开。这里，还是藏传佛教的著名胜地，密宗本尊——胜乐金刚的道场。藏在人们心中的，不仅仅是那一汪如

梦如幻的水泊，更是一方圣水，永远尊奉的圣湖。

遥远的念青唐古拉山离天空很近，山上的皑皑白雪沐浴着阳光悄悄融化，带着蓝天的色彩一路流淌，汇入了纳木错，所以，纳木错的湖水如同一片明镜，清澈湛蓝的湖面，仿佛是天空在照镜子时不小心将影子投入湖面忘了收回，但人们更愿意相信，是天空的色彩一路随着山中的溪水汇入了这里，为纳木错更添神秘色彩。

传说，纳木错原是天宫御厨里的玉液琼浆，是天上仙女怀中揣着的绝妙宝镜，熠熠生辉的光芒中，透着神秘不可知的力量，洗净世间尘埃，庇佑天下苍生。

据记载，远在12世纪末，藏传佛教达隆嘎举派创始人达隆塘、巴扎西

贝等高僧曾来到纳木错修习密宗要法。据信徒说，每到羊年，诸佛、菩萨、护法神都会来到纳木错设坛，大兴法会，在这个时候，如果人们来这里朝拜转湖念经，每转一圈，其福无量，胜过平日里转 10 万次。于是，每到羊年，僧俗信徒们都会不惜长途跋涉，来纳木错转湖。藏历羊年的四月十五日，转湖念经的活动达到高潮。

纳木错北侧倚着和缓连绵的高原丘陵，东南部是直插云霄终年积雪的念青唐古拉山。如果站在念青唐古拉山山顶上远眺，你会看到，被群山草地环绕的纳木错，就像是一颗镶嵌在大地上的明珠，熠熠生辉，笼罩着神秘祥和的气息。

第三纪末和第四纪初，喜马拉雅山运动凹陷，这片土地上出现了一片巨大的湖泊，便是纳木错，后来由于西藏高原气候越来越干燥，纳木错的面积逐年缩减，念青唐古拉山的融雪成为其主要补给。纳木错总面积达 1900 多平方千米，是世界上海拔最高的咸水湖，也是我国第三大咸水湖，湖中有大小 5 个岛屿。在佛教徒心中，这些岛屿是五方佛的化身，所以来纳木错转湖的人都十分虔诚用心。

在纳木错，常能与各种各样的朝拜者相遇。或是回眸一瞥，或是擦肩而过，转身的刹那，总有一种灵魂的互通。或许这就是神湖的魔力，在转湖念诵经文的过程中，铅华褪尽，尘埃尽除，清冽的圣水洗净了每个转湖者心灵中的烦恼和孽障。

纳木错的纯净与祥和，是高原的象征，这一片清澈的圣境，如同遥远的念青唐古拉山，如同高高在上却又亲近无比的蓝天，她的美丽感染着这里的所有生灵，她的纯洁净化着周围的一切，洗净世间污秽，涤荡出一个澄澈明朗的世界。

●古老精灵——"年"神、"赞"神和"鲁"神●

西藏人民最初的神灵信仰，将宇宙分成了天界、人界以及地界三个部分。其中，由"拉"神掌管天界，由"鲁"神掌管地界，而人界则由"赞"神和"年"神来掌管，除了这些神灵，在千百年的发展中，这三界还有很多其他神灵衍生出来。

　　人们对自然的崇拜源自自然的神秘力量与不可控的能量，正如同山神崇拜一般，在西藏人民的心中，天界、人界和地界三个部分都衍生出了无数的神灵，而这些神灵所依附的自然物也是多种多样。所以，人们热爱自然，尊重自然界的一切生物与自然现象，尤其崇拜大山，在他们看来，大多数神灵的活动场所都在高山峡谷中。

　　在西藏，有很多随处可见的玛尼石堆，仔细去看，你会发现其上有不同的图案与文字，包括各种动物等。内容各不相同的图案，代表着不同的意思，有为生灵祈福的，有帮助动物避难的，有祈祷健康平安的，有驱灾辟邪的，有祝福草原上的牛羊茁壮成长的，等等。所有的玛尼石上，都是藏族人民用心刻画的祝愿，更是一种神圣的信仰。它们将人们最美好的祝愿传达给古老的神灵，为人们带来希望与光明。走在拉萨，尤其是远离城市的地方，随处可以见到祭祀山神的五彩箭台和烟雾缭绕的煨桑，这也是人们对古老神灵最崇高的崇拜和信赖。

　　藏族人民在拉萨煨桑、祈祷时，有一个经典的路线，将路线上所有的寺庙转完，需要三四个小时。人们一站一站烧香、磕头、添酥油，用最虔诚的心向最古老的生灵祈祷、忏悔、祝福。这是一条经典的祈祷路线，第一站是小昭寺。在人流涌动的商业街深处，小昭寺静立在袅袅桑烟里，该寺坐西朝东，据说是文成公主因思念家乡而设计的。当年文成公主从汉地招来精巧工匠，参照汉族群众居住区的庙宇，结合拉萨的建筑特点，建成了壮观的小昭寺。小昭寺又被称作上密院，是藏传佛教格鲁派密宗的最高学院之一。

　　离开小昭寺，朝右走不远便是第二站，次巴拉康。它位于小吉崩居委会内，门前有一座煨桑炉，次巴拉康面积不大，只有一座佛堂，但香火却十分鼎盛。信众们来这里朝拜佛像，然后在绕佛堂而建的巷道里转圈念诵经文，祈祷平安长寿。从次巴拉康出来，沿着小昭寺路朝南走，不远处隐藏在商铺后面的，便是北方三佑寺。这里有40多个转经筒，人们会在这里转转经筒，祈福念经。

　　离开三佑寺继续沿着小昭寺路走，在与北京路相交的地方，朝东继续行走几百米，便到了下密院。下密院佛堂森森，佛像庄严，这里供奉着宗喀巴及其弟子神像。下密院佛堂二楼的神殿里放着很多彩绘的罐子，皆拿彩布封着，这些罐子被称作"鹏布"。拉萨人民要建新房时，会专门来下密院请鹏布，并将其藏在新建房屋的顶端，寓意平安吉祥。

走出下密院，朝东走 50 米就来到了木如寺，木如寺面积不大，人们常来这里诵经烧香。这里最出名的是算命，听说非常灵验。

离开木如寺，横穿北京路，在对面的巷中前行，不远处的黄色房子便是转经线路图中的第六站岗巴夏，这是一座小寺庙，院里除了煨桑炉，还有很多的花草，岗巴夏内挂着一个造型像胃一般的牛皮袋，被称作"乌格"，据说人死后灵魂都会被装进这个牛皮袋里。

从岗巴夏出来朝右转，朝小巷深处走去，能够看到西藏拉萨清真寺，圆拱形的建筑非常显眼，清真寺旁边便是转经诵佛的第七站仓姑寺。

从仓姑寺出来按顺时针走，没几分钟，便可走到南方三佑怙殿。据当地人说，南方三佑怙殿对要生小孩的信众来说，特别灵验。

从南方三佑怙殿出来，按顺序还有求财比较灵的绕赛参康、宁玛派著名寺院敏珠林寺的属寺：有活佛庇佑的山南敏珠林寺嘛呢拉康、十分灵验的强巴拉康、"嘛呢节"时人多到站满屋顶的木如宁巴、规模最小的奴日松贡布、供奉着"哲嘛热"的丹结林寺，以及策墨林寺、锡德林、功德林。

年年月月，信徒们在小巷里虔诚行走朝拜，走出了千年八廊街，也走出了圣城拉萨，他们始终如一，信守着自己的信仰，从对古老神灵的崇拜与信仰中获取内心的安宁与幸福。

● 祖先的图腾崇拜 ●

在远古时代，人们将某种动物、植物或非生物拿来当作自己的亲属、祖先或保护神。他们相信这些生物拥有着超自然的能力，可以保护自己，同时，还能够将那些神秘的力量和技能授予他们。在原始人的眼中，图腾是一个被人格化了的崇拜对象。几乎每一个民族都有自己的图腾，远古的藏族自然也不例外。

图腾崇拜由于种族、民族、地域的不同而各不相同。而每一个民族内部还会有各个部落和家族崇拜物不同的区别。不过，总体来说，每个民族基本上都有自己固定的、比较有代表性的著名图腾物，比如汉族崇拜龙和凤的图腾，便是非常典型的例子。

在我国的藏族地区，亦是如此，每个部落的崇拜物基本上都是不一样的，但是，有一物对于整个藏族聚居区来说，就像龙对于汉族一样，是普遍的统一崇拜物，是举足轻重的全民族性的图腾偶像，它便是牦牛。

牦牛之所以能够延续至今，有一个原因是，西藏人民自古以来就认为万物有灵。而佛教在传入西藏后，为了立足生存和更好地发展，它融合和吸收了藏族的原始宗教，形成了独特的藏传佛教。

牦牛是西藏人民最早驯化的牲畜之一，并且伴随着人们与自然环境一起搏斗，一直生存到了今天。它们不但耐寒，还很适应高海拔环境下的生存，而且脾性温顺易养，更重要的是还可以在人迹罕至、交通落后的山区地带充当运输工具，一直享有"高原之舟"的美称，所以能够成为西藏人民心中的图腾也就不算奇怪。

不过，牦牛被西藏人民作为图腾崇拜物，最重要的原因还在于，在几千甚至上万年的历史中，是牦牛用它的血肉与性格喂养和影响了艰难生活在高原上的人们，它们的品格与付出，一直陪伴着这个民族成长、发展、传承。它们所贡献的肉、奶、酥油等，都是西藏人民生活中极为重要的主食，它们的皮革和身上的毛，也是藏族人民日用生活中不可缺少的原料，更重要的是它们超常的生存能力和吃苦耐劳的精神，在遥远的年代深深地影响了整个西藏的人们。

毫不夸张地说，在那些古老的时光里，如果没有牦牛，人民将失去一半的生存资源和在艰难环境下生存下去的精神支柱。所以，除了身体上被派去用场的部分，牦牛剩下的便只有头部了。西藏人民会将整个牛头挂起来，作为全民族的精神支持高高供奉了起来，如此，牦牛头便成了西藏人民的民族图腾，也赢得了全民族的崇拜和敬仰。

西藏人民的《五部遗教·神鬼部》中描述的"年"图腾中，第五位便是人身牦牛头的年酋共公。而且，在藏族原始六大姓中，就有牦牛部。据传，吐蕃王系就出身雅隆的牦牛部。西藏人民对牦牛的崇拜还表现在被物化的牦牛山和牦牛河。

牦牛山还有个美丽的传说一直流传在西藏人民之间：当年莲花生初进藏，从尼泊尔入境时雅拉香波（古老的山神）现原身，化为一头雪白的牦牛，像一座大山，声音如雷，震得山崩地裂，后来被莲花生降伏，成为佛教的护法神。

将部落种姓、祖先以及图腾神灵的名字用作山名地名的现象，在西藏非常常见。

这样的命名成了西藏人民祖光永恒的纪念碑。而这些特殊形式的纪念碑上，虽然未留铭文，却一代代将艺术形象传了下来，同时，这些形象也被固定在了绘画、雕塑还有神话传说和祭词的文字中。

常在拉萨的城市和郊区行走，你会慢慢发现，在这里，不管是远离繁华的高山还是清澈见底的河岸边，在那些被称作神的祭台下，都堆着大量风化了的牛头，也有不少新放置的牛头。如果你留心观察还会发现，在一些寺院周围、村舍的门顶端或者屋顶上，也会有很多牛头。

在我国的藏族地区，最壮观的牛头供奉景象，在布达拉宫和药王山的脚下，那里堆着数不清的牛头，这些牛头的额际还刻有藏文的六字真言。走在拉萨的街头，你还能够看到很多服装、艺术品和旅游纪念品上，或编织，或彩印着牛头图案。就算你觉得自己是一个不善于观察的人，只要来拉萨的大街小巷走一圈，你也不难注意到这个十分特别的现象。

西藏人民有着自己完整而又独特的文化传统，他们有自己的语言、文字、风俗习惯、宗教信仰，有着属于自己的图腾崇拜，是只属于自己民族的传承与坚守。

● 占卜与梦兆信仰 ●

在我们身边，有不少人都很喜欢玩测试游戏、占卜游戏，也有不少人迷

恋算命等比较神秘的占卜文化。可以说，占卜是一个非常常见而且十分普遍的文化，没有国籍地域的区分，广泛存在于世界各地，流传于各个地区的人民群众中间，比如中国古代的周易八卦、西藏本土信仰的本波、吉卜赛的塔罗牌、古希腊的星座，以及流传于民间的各种占卜术，无不与占卜文化有着密切联系。人们对未来发生的事情充满了好奇，同时又由于趋利避害的心理作用，促使了占卜术的诞生与发展。

在我国的藏族地区，关于占卜，有十分丰富的类型，那些丰富的占卜之术，来自印度、国内其他地区以及西藏本土本波信仰等不同的地方和文化，这些外来的文化与当地文化和环境融为一体，成了具有藏族特色的全新占卜法。

有人会觉得，佛家讲因果，西藏人民信奉佛教，怎么会喜欢占卜之术呢？事实上，在拉萨，虽说佛教重视以善恶因果为主导思想的道德教育，不过也并不完全反对占卜，从大乘佛教的角度来说，那些对众生有利的事情，都可以加以利用。

在拉萨，一般主要流传着以下几种占卜术。

鸟卜。鸟卜占卜术在西藏地区算得上是历史久远，现如今也依然有通过观察鸟叫的方法来预测吉凶的占卜。

线卜。用牛羊毛线绳作为工具，进行占卜。占卜前，要为占卜师祈请的护法神奉上朵玛，来祈请护法神应验占卜。祈请完毕，占卜师坐在占卜桌前，开始进行线卜。线卜比较麻烦，需要比较复杂过程，还有细致的观察力以及查阅线卜卦书，才能得出占卜结果。

箭卜。用箭作为工具的占卜术。用箭占卜的方法有多种，都需要查阅箭卜卦书，来得出相应的占卜结果。

骨卜。这种方法是，用羊和牛的肩胛骨作为工具进行占卜。最基础的方法是，把羊或牛的肩胛骨烧灼后验其纹，听其声，来判断吉凶。骨卜占卜术在我国的藏族地区历史悠久，在敦煌古藏文残卷中就曾发现过吐蕃羊骨卜辞，记录了骨卜释辞，涉及从军国大事到平民百姓日常生活的各个方面。

还有一种与《格萨尔王》史诗有一定联系的占卜法，被称作"格萨尔大王圆光占卜"，它的施行者必须是一位通过瑜伽修习而获得很大成就和法力的男性法师。

103

此外，还有一些流传不算广泛的方法，比如骰子卜、鼓卜。

除了相信占卜结果，西藏人民还对梦兆的凶吉十分重视。西藏人民对于梦的解析有着属于自己民族的特点。比如，有些梦代表了吉兆：梦到自己的衣服或者身体上被屎尿弄脏，或者梦到自己获得了丰富的衣物食品等，则预示着即将有财运。如果是梦到帐篷失火，则预示着要发大财；梦到骑着白马上山，则预示着要交好运；梦到骑着狮虎龙等，或在梦中捡到了黄金，都预示着将要交好运，做事能成；如果在梦中自己或其他人将酥油灯点燃了，那便意味着要增福增贵了；如果是梦到奶牛或者奶牛顶角，则预示着即将怀上宝宝；如果梦到云开雾散、旭日东升等晴朗的天气现象，则预示着健康快乐；如果是久病者梦到这些，则预示着即将康复。

吉兆的梦境有很多，凶兆的梦境也会不时出现在人们的梦乡。常见的主要有：梦到捡到了银子或银质品，意味着即将发生纠纷；梦到自己倒着骑驴骑马骑骆驼，并朝南面行走，或梦到在沙漠里行走或爬行，都是凶兆，容易招致厄运；梦到自己家的帐篷或者房屋倒塌，以及梦到牙齿脱落，则意味着会有人即将去世；梦到捡拾利器或者刀具等，意味着将有口舌之灾。

太多太多的例子不胜枚举，各种各样的梦境牵系着人们对美好的向往与对未知的惊慌。

在西藏，在拉萨，民间的信仰行为与活动方式十分丰富。对占卜与梦境的信仰是藏族文化的一部分，代代相传，创造了独特的民族特色文化。

● 数字与颜色 ●

很多人都有自己的幸运数字，并坚信这些幸运数字真的可以给自己带来好运。我们很多人也都有自己喜欢的颜色，甚至有些人对于自己喜欢的颜色，有着近乎痴迷的情结。事实上，对于数字与颜色的概念，不仅是各人的喜恶，每个民族对于数字与色彩，都有自己不同的概念，在涉及数字与颜色时，也会有不同的讲究与禁忌。

在拉萨，人们对于数字的讲究，主要表现在对三、五、九等单数数字的喜爱上，类似于汉族喜爱三、六、九。

拉萨人喜爱单数，可以从重要的事情和仪式一般都会选在单数的日子里进行看出，比如，婚嫁。婚嫁仪式是否顺利，影响着婚后的生活是否顺利，嫁娶双方都会提前请人择选吉祥日子，包括说媒提亲、订婚仪式、嫁娶出门时间以及仪式进行时间等，都需要专门卜算，而卜算的日子和时辰，基本都是单数，常见为一、三、五等单数，双数是被严禁使用的。

三在拉萨人的心中尤为受欢迎，在很多文学作品、宗教生活以及日常生产生活中，三的含义可谓是广泛而深刻。这是有渊源的。

本教把宇宙分成了天气地三部分，天上住着赞神，地上住着年神，地下住着鲁（龙）神；而在古代，还有三大神、三大寺、三大部落、三大圣人、三大妃等的存在；此外，骑士的弓、箭、刀被亲切称作随身携带的三眷属；还有，宗教里有三世佛的说法，即过去佛迦叶、现在佛释迦牟尼、未来佛弥勒佛；而藏族人民常拜的长寿三尊为无量寿佛、尊胜佛母、白度母；佛、法、僧为三宝；生死轮回分为三界，即欲界、色界、无色界。如此细数，三的象征可谓说不完道不尽，还有民间象征永恒不灭的日、月、星加起来也是三个，所有的这一切，都为三这个数字赋予了具体的形象。神秘的宗教色彩、信仰文化，使得三这个数字成为最被拉萨人民推崇和喜爱的数字，这体现在生活的方方面面，比如，为客人敬酒一定要敬上三杯，我们在前面讲饮食文化时也提过，敬酒前，人们会用无名指蘸一点酒水，朝着上、中、下三个方位弹三下，这也是与三有关；还有很多人家在结婚时，吉日更愿意选在有三的日子，婚礼上会有三叩首、绕桑炉转三圈等仪式，而婚期也一般至少会有三天，就是祝酒词祝福歌中也少不了带上三，比如"此地富饶为第三，祝三全三满永吉祥"。

说起婚礼嫁娶对数字的讲究，除了三，还有五也是西藏人民十分有讲究的数字。在举行完婚礼仪式，大家都入席后，每人要喝五道酒，也就是媒酒、问酒、知酒、接酒、喜酒；而且，选派来参加婚礼的喜客最少要有五个人，然后是九人，最多十一人，人数不可以是双数。

佛家讲九九归一，汉族对于九也有很多美好和至高无上的寓意，如九五之尊，长长久久，在西藏地区，九也是一个十分受人们欢迎的数字。

在本教经典中有这样的记载："桑波本赤与曲坚木媄结合后生下九男九女，九兄弟分身出九个女伴作为妻子，九姐妹分身出九个男子作为丈夫。"

在这段记载中，九象征了吉利。同时，本教经典与传说中的九，又常常和宇宙本体天界的构造关系密切。本教认为，地有九层，天有九重，西藏人民常用九来形容数量之多，蕴含一切的意思，如九十九，那就是多到不能更多的境界了。

人们对数字的崇拜基本来源于宗教信仰的影响和对生活美好的祈愿，而对色彩的偏爱与禁忌，自然也脱离不开这些因素。

当你漫步在拉萨的大街上，色彩斑斓的服饰常常让人忍不住驻足欣赏，赏心悦目，但白色却在众多色彩中脱颖而出，尤为夺目，这是因为，白色在人们心中占据了十分重要的地位。最直接的表达便是那洁白无瑕的哈达，连情歌中都这样唱："哈达不需要长，只求洁白质纯。"

白色几乎代表了西藏人民共同的审美追求与信仰，代表了我国藏族地区的一种文化。人们对白色的信仰表现在生活中的方方面面，如在很多习俗中，不论是迎客做客、盖房还是婚嫁等，在给别人送礼物以及还礼时，有一个东西必不可少，就是洁白的哈达。还有，在婚礼中，所有礼物都要系上白羊毛，新娘出门要骑上白马，要在白色帐前下马走过白毡路、走入帐篷。对了，新婚夫妇结婚前，还有可能在姑娘家人专门为姑娘备下的白帐篷里有过约会。祭祀时，本教讲究祭品里要有"三白"。一切都与白色紧密相关，寄托着藏族人民万事顺愿、祈福安康的美好祝福。

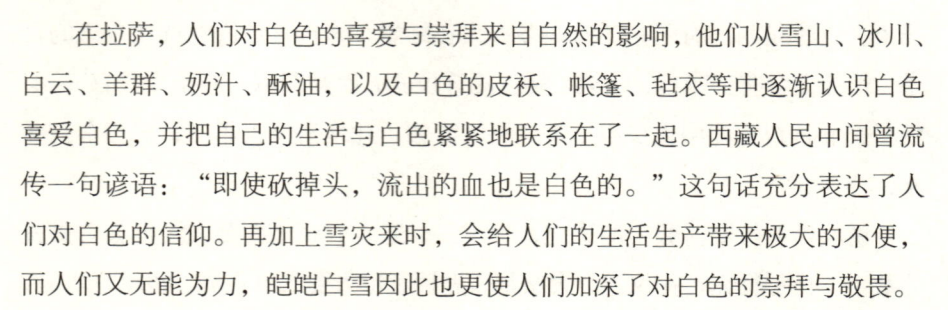

在拉萨，人们对白色的喜爱与崇拜来自自然的影响，他们从雪山、冰川、白云、羊群、奶汁、酥油，以及白色的皮袄、帐篷、毡衣等中逐渐认识白色喜爱白色，并把自己的生活与白色紧紧地联系在了一起。西藏人民中间曾流传一句谚语："即使砍掉头，流出的血也是白色的。"这句话充分表达了人们对白色的信仰。再加上雪灾来时，会给人们的生活生产带来极大的不便，而人们又无能为力，皑皑白雪因此也更使人们加深了对白色的崇拜与敬畏。

同时，西藏人民喜爱和崇拜白色，还与本教的影响有关。本教信奉天地、山林、水泽的神鬼精灵以及自然物，在本教思想中，对白色的自然物、自然现象尤为敬畏，时间一长，便产生了白色崇拜，常用白色来代替神之形象。久而久之，这种白色崇拜逐渐被人们接受，并在潜移默化中受到影响。

慢慢地，大家都一致认为，白色代表了正义、善良，象征着高尚、纯洁，是祥和、喜庆的守护神，与之相反的则是代表灾难和邪恶的黑色。在西藏人

民的心里，只要是和白色有关的神山圣水、仙人巨兽，就都是体贴大众、拯救人类的神，白色基本就是神灵的标志。还有一个最常见，就是白塔，随处可见的白塔，以及屋顶的白色，帐篷门上的一抹白色，无不在表达着人们对白色的热爱与崇拜。

在拉萨这片洁净、充满祥和的土地上，千百年来流传着属于自己的数字文化和色彩信仰，独特的地理环境与宗教信仰造就了这里独特的文化，独特的文化又在这天地间写出了无数美好神奇的壮丽篇章。

第二章
本教信仰

本教，原作"苯教"，是一个古老而神秘的宗教。说其神秘，在于很多人没听过或者不太了解；另一方面，本教比我们所熟知的佛教可能还要久远一些，经过时间的推移，很多人并不知其存在。本教中的"本"，源于藏文的音译，是西藏地区的原始本土宗教。

● 本教的发展与演变 ●

本教，一个神秘的宗教。说其神秘，在于很多人不太了解；另一方面，本教十分古老，比我们熟知的佛教可能还要久远一些。本教中的"本"，原作"苯"，源于藏文的音译，是西藏地区的原始本土宗教。后来国际雍仲本教联合会的名词工作会议规定统一使用"本"字。"本"虽然缺少了独特的地域风情，但也极好地传达出"本教"是西藏地区"原始本土宗教"的内涵。因而，雍仲本教目前也被简称为"本教"。

雍仲本教历史悠久，文献资料显示其发源于中亚的古象雄，具体可以精

确到"冈底斯山"和"玛旁雍错湖"一带。冈底斯山是世界公认的神山，玛旁雍错湖是神湖。雍仲本教是古象雄的王子辛饶弥沃如来（释迦牟尼佛前世"白幢天子"之师）所传教的如来正法，正因此，也被称作西藏最古老的象雄佛法、原始宗教和传统文化。雍仲本教的理论基础是显宗、密宗、大圆满，根本是要人们能够皈依三宝，济世救人，引人向善，据传，雍仲本教距今已有18000年的历史，可能是世界上最为古老的宗教。

宗教，总是与人类文明发展到一定程度有关。"雍仲本教"（也往往被称为原始本教，但二者之间还是有区别的，可以说，"雍仲本教"是原始本教的继承与发展）的发源地就是文明高度发达的地区。历史上，"象雄"几乎是亚洲大陆古代整个西部的代名词，"象雄"的强大，即使放到现在也足以令人惊叹：象雄曾是横跨中亚及青藏高原最强大的文明古国，这个古老国度曾经创造了高原上最辉煌鼎盛的远古文明——"古象雄文明"，有人称其为"西藏文明乃至人类众多文明的源头"。

据《西藏王统记》《朵堆》等典籍记载，当时象雄人辛饶弥沃祖师勇于革新，他对原始本教进行了许多变革，从而创建了雍仲本教，被后世称为西藏最古老的象雄佛法。辛饶弥沃祖师对于古象雄文明的贡献也非常大，他在创造了象雄文字的同时，还传授了工巧明（工艺学）、声论学（语言学）、医学、外明学（天文学）和内明学（佛学），这五种学科，在当时被称为"五明学科"。"雍仲本教"即内明学。中央对外联络部研究室副主任栾建章先生这样评价过古象雄文明与雍仲本教的意义："可以毫不夸张地说，要了解西藏文明，必先了解象雄文明；要研究藏传佛教，也必先研究本教。"

但凡宗教，均是博大精深的，雍仲本教也不例外，每个宗教都有自己的信仰体系，而雍仲本教的信徒们相信万物皆有灵，崇拜的对象包括天、地、日、月、山川、土石、草木、禽兽等自然物。从人类漫长的发展历史来看，这样的"泛灵信仰"其实是人类对自然最初朦胧认识的表现。于是乎，我们可以这样说：本教以人为"本"，将一切有情众生都作为普度的对象，希望通过修行，破除红尘困扰、远离业障迷惑，最终获得圆满。

宗教活动离不开一套行为模式，本教也有一套自己的固定程式，常以法师进行占卜、祈祷、咒术、祭祀及各种特殊仪轨加以表现，这和萨满教的主要活动跳神祭祀有几分相像。值得注意的是，这是人类宗教形式及宗教活动

的必经之路，具有鲜明的、浓厚的原始色彩。

雍仲本教在古象雄传统文化中居于至高无上的位置，是一切佛法的总根源，雍仲本教后来传播到周边地区，深深刺激了当地文明。另一方面，雍仲本教的信奉者浩瀚如星辰，集大成者也相当多。据史料记载，历史上因坚持修行本教，获得大圆满而成就虹化身从无间断的大成就者就有二十四位，而其他有间断的虹化身成就者更是不计其数。这也就更激发无数人前仆后继，立誓修行，希望自己成为德行深厚的一员。

古象雄佛法的佛经称为《象雄大藏经》，经书文献资料多达几千部之多，仅《甘珠尔》就有 178 部。《甘珠尔》有西藏古代社会"百科全书"之称，属于本教大藏经，它包括《律》《经》《续》《库》，内容涉及佛学、哲学、逻辑、文学、艺术、星相、医学、科学、工程等领域，可谓包罗万象。而《丹珠尔》则更多，有 390 多部，里面最主要收录的是佛弟子及后世学者对佛语录的注疏，同时也涵盖了藏族本土相关的文化知识，有人称之为"古象雄时藏族地区的活字典"。为了更好地保存和保护《象雄大藏经》，中国社会科学院在 2013 年就开始对《象雄大藏经》进行汉译。

尽管已经经历了漫长的发展，与本教有关的宗教遗迹、寺庙依然很多，而且不仅限于中国的藏族地区，亚欧大陆上，印度、尼泊尔、蒙古国、俄罗斯、不丹等国也都或多或少保留着古象雄文明中产生的本教。我们现在经常听说的孜珠寺、雍仲林寺等，都是本教著名的寺庙，前来膜拜与参观的，数不胜数。其中，最值得一提的是孜珠寺，这座始建于三千年前的本教寺庙，由第二代藏王穆赤赞普倡导，大成就者第一世穆邦萨东大师创建并传承，至今已是第四十三世。而另一座著名寺庙雍仲林寺，则是由本教大师江衮·达哇坚赞创建于 1834 年，虽然它的年代较近，但它经过一百多年的发展，规模已经十分庞大，成为众多信徒心目中的圣地。

本教有很多现在人非常熟悉的活动与仪式，诸如转神山、拜圣湖、挂五彩经幡、堆石供，不仅充满神秘色彩，其实也很有意思，很多现代人都愿意参与一回，感受朝圣与净化心灵之乐。

古老的象雄文化，古老的雍仲本教，依旧散发着蓬勃的生命活力。

● 本教的流派

本教崇拜万事万物，凡是人类生活中所见日月、星辰、山川、河流、草木，又或者臆想出来的神鬼与精灵等，都是本教信徒们崇拜对象，本教非常注重祭祀、跳神、占卜、禳解等宗教活动。

本教的影响深远，已经与藏族社会群众的日常生活紧密相连，因而作为藏族社会最早的宗教观念，本教不仅是人们的思维方式，还是社会心理和社会文化活动的综合体，本教有一种统领社会生活、社会秩序的功能。宗教与人类社会共同发展，不但衍生出许多流派，也产生了很多惊心动魄、神奇神秘的故事。

我们有必要先对"原始本教"与"雍仲本教"做一个简单梳理，两者之间有着千丝万缕的联系，有相同之处，又有不同之处。

原始本教又称为"斯巴本"，没有人知道斯巴本教的创始人是谁，人们只知道斯巴本教的诞生时间比辛饶弥沃祖师的出生时间还要久远。

据推测，远在石器时代，那时候辛饶弥沃祖师还未诞生，中亚地区就已经涌现出一大批形形色色的信仰，我们现在把这些信仰称之为"原始信仰"，其体系还不够成熟，其教义甚至有失偏颇。但那些原始信仰时期，恰恰就是原始本教时期，后世的学者称之为"多本时期"或"笃本时期"。有些学者曾做过一些初步统计，多本时期，有"龙本""赞本""祭本""占卜本"等三十多种原始本教。这些原始本教，信徒多寡悬殊，教义各不相同，但大致上是崇信自然万物。他们（指的是原始本教巫师）拥有为民禳解灾祸、祛除病邪的广大神通。

经过漫长的历史演变，原始本教发展至"本波教"，现在也将其俗称为"黑教"。黑教最早出现在象雄，后来才传入雅砻地区。这时候的本教，已经取得了长足发展，不仅有自己的教义、经典、教规，而且在佛教传入西藏前，其信徒数量庞大，寺庙星罗棋布，传道者遍布青海、四川、甘肃等地，因此，本教深入民心，深深影响了当地群众的生活、思想、政治、文化、习俗。这个时期的本教，就是我们今天所说的"雍仲本教"。

丹增善慧法日是宗教研究大家，他翻译和撰写了许多关于本教的研究书籍，他在《善说一切宗教源流及教义晶镜史》一书中，这样说："藏地所宏之本教分为三派：（一）笃本；（二）洽本；（三）觉本。"这不仅是本教三个重要流派，也是本教发展的三个时间段。正是在这三个时间段里，发生了很多惊心动魄的大事。

1. 笃本派

笃本派即上文所说的原始本教。据说，在达赤赞普时，有一位本教大巫师，名叫汝辛，他极富口才，到处宣称自己有能通鬼神的本领，知道鬼怪精灵藏匿何处，并且他还能通过祭祀、禳祓、遗送、役使鬼神等法术，起到"上祀天神，下镇鬼怪，中兴人宅"的目的，因为到处广而告之，所以他吸引了许多信徒。他不仅能说会道，也确实有能力、有眼光，可以说他是多本时代巫术集大成者，他把各种巫术加以总结，同时将各地本教联络起来，形成一个统一的新名词"笃本教"，而且很快，这个教派就空前繁盛，其势力盖过了其他各个宗教派别。

祖先崇拜正是笃本教时期的鲜明特点。其根源是阶级的出现，致使自然宗教演变为神学宗教。当时，聂赤赞普，这位西藏传说中的第一位藏王认同雅砻诸部落的功劳，于是，崇拜主体从自然转向祖先和英雄，这也使得原始本教"物我不分"的宗教意识发生了本质变化。

生产力不断发展，社会结构发生变化，原始氏族演变为部落，部落之间结为联盟，这就使得原来的族长、军事首领、祭司人员成为奴隶主，为了巩固自己的主宰地位，他们遂鼓吹天授神权，而那些专司宗教事务的祭司、巫师们声称能把天神请到凡间，或者代神发声。本教教徒们把雅砻部落首领奉为天神之子，恭奉为王，因而藏族地区也流传着"先有本后有王"的说法。

2. 恰本派

恰本派的来源，有些独特。可以说，它是外来教徒创建的派别。据《汉藏史集》记载："父王智贡赞普在位之时，由象雄和勃律的本波传来了贤吉都本教法。王子布德贡杰在位之时，有仲和德乌教法产生，出现了天本波贤波切。"

恰本派历时近千年，大约从吐蕃王朝第八代国王智贡赞普（约公元前2世纪）持续到松赞干布（公元7世纪）前后。这一时期，三名分别来自克什米尔、勃律和象雄三地的本教巫师各施法术，从中调停本教徒和赞普王室之间的矛盾，他们固然有自己出众的法术，能除灾避火、发掘秘藏，能占卜以决祸福休咎，能为死者除煞、超荐亡灵，但实际上，更为重要的则是他们三个人都具备异常丰富的理论基础，他们带来了一套比较完善的、经得起推敲的本教教义，原来西藏人民聚居地本教只重巫术没有宗教理论，现在这一个历史局面被彻底打破。

《西藏的文明》一书的作者石泰安（1911—1999）认为："恰本派是已形成哲学系统的本教之起始。"恰本派的确形成了当地早期的哲学系统，这就意味着本教"开始结束较原始稚嫩的宗教形态，跨入积极引进高超实践法术的新时期"。

3. 觉本派

从时间来看，觉本派无疑是后起之秀。在不同的宗教想要渗透同一个地区时，必然会出现斗争。觉本派的诞生与佛教有莫大关系，印度佛教传入西藏之后，本教与佛教一边不可避免地与之做斗争，一边又为了求得自身的生存和发展从而被迫演变成新的派别，这就是觉本派。所谓觉本派，意思就是搞翻译的本教派别。佛教理论丰富，经典非常多，佛教传入西藏后，藏族地区一下子涌现诸多佛教经文，而本教当时还没有经书，有志之士便参考佛经搞起经书翻译，并把它改头换面，充当本教的典籍。

觉本派又分为三个发展时期，这就是"前、中、后"期觉本派。青裙班智达创立了前期觉本派。史称他悄悄把一些翻译好的经书埋藏起来，做旧后挖掘起来，美其名曰"古代本教宝藏"，这叫作"伏藏"，借此方式，他在本教的声望就得到了提高。中期觉本派由甲哇强曲创立，他先是学习佛法，信奉佛教，但不知什么原因，导致他改信本教，于是他将部分佛经改为本教经典。甲哇强曲这一行为很快被人告发，吐蕃赞普赤松德赞下令严禁，并实行株连。接下来就发生了前期觉本派"伏藏"之事，称《本藏法》。后期觉本派，兴于朗达玛灭佛以后。后期觉本派也同样因为翻译经书而创立。创立人辛古鲁伽将大量佛经改为本经，这种做法与前期、中期觉本派不同，属于篡改，另创一个新名称，与此同时还煞有介事地加入许多本教的说法，使其融合为一套较完备的本教经典。后来再次"伏藏"，再挖出来，使其流传。

本教三个流派，均是融合发展的重要表现。尤其是佛教传入西藏人民聚居地以后，本教不再只是从原始本教中吸取营养，破除弊端与不足，而是积极、主动地加强对外的联系，通过翻译、删改、学习、融汇等形式，使得本教在原有基础上走向了发展的快车道。

本教有意识地学习佛教优秀的理念，借鉴佛教一些理论体系、组织制度、崇拜礼仪来充实完善和发展自己，客观上起到了助推本教发展的作用。

● 本教的神灵系统 ●

在原始本教时期，实行自然崇拜，还没有一个完善的信奉系统，只知"万物有灵"，今天哲学里面称之为"泛神论"。到了本教时期，信徒们意识到给神灵分类，让神灵各司其职，明确其法力是有必要的，于是就有了"天空为神界，中间为赞界，下面为龙界"的所谓三界神灵。所谓三界神灵，字面理解就是神灵居住在三个不同的地方，神界对应天空，赞界对应大地，龙界对应地下。他们是藏族地区的三界守护神。

1. 神界

在原始本教里面，神界又分为七层，分别为天父六君子，他们是三兄三弟，另外还有一位赤顿止，统称七神。

此外，本教里面不仅有始祖，也有创世神，创世神共有九位，他们居住在须弥山之顶，这是一个位于天界虚空中的神秘地方。西藏祭仪和民俗中普遍使用的五色彩箭、五色经幡、五色毛线等都或多或少与神界七神、始祖、创世神有关。

祭祀天神是很隆重的仪式。仪轨之中，主要是焚神香煨桑。煨桑时，必要烧雪松枝，雪松枝燃烧起来具有浓郁的松香，随后往火上撒乳汁、奶酪、酥油和砂糖、蔗糖、蜂蜜，这六样东西分别称之为"三乳"和"三甜"，传说神最爱这些。原始本教信徒们还一致认为，雪松和柏树是创世天神中的主神"塞"的神树，创世神会顺着雪松枝的烟火自天而降，从而把人间的信息送到天界报于神知。

2. 赞界

原始本教里，赞界通常为游魂居所。藏谚说的"人死而赞魔生"，即说人死后就居住到赞界了。

赞，除了游魂，还有一种说法，叫作火神。把赞称之为火神，可能与中亚、突厥地区的民间拜火信仰有关系，至少是一种长时间融合而成的结果。原始本教经典中描绘的赞，通常是一身红焰，居于西方铜色山。

还有一个非常离奇的说法，说赞就是阎罗，居住在"魂城堡"，"魂城堡"不在地下，而在地上，"坐落在一块红铜平原上，周围的铜岩刺向天穹，红褐色的兀鹰在天空翱翔，赞魂在天空四处飘荡，毒蛇攀缘，红色山岩中央是一座沸腾的血海"。人们可以在桑耶寺看到原始本教观念中阎罗的形象，阎罗是桑耶寺的护法神。

有学者表示，赞的形象体现了祖先崇拜，故而认为"中界是赞也是人的世界"。那些能够游近天界的赞，都有较强的神性，而那些居住在中界的赞，则完全是人死后的游魂。而神赞、游魂赞与具有人形的火神赞融合后，则是勇武强权的象征，这就与祖先崇拜相同。

3. 龙界

下界是"龙"的世界。龙，在藏语里叫作"鲁"，是本教九位创世神之一。藏族的龙信仰，最初由蛙发展而来。经过漫长演绎，又逐步形成对鱼、蛙、蛇、蝎之类的崇拜。

在龙神仪轨及其画像中，我们往往会看到龙神被描绘成穿一身缀满羽毛的长袍，乘一匹非常迷人的、带白色水纹的蓝马，而手里则捧一只晶莹剔透的水晶花瓶，花瓶里面装满各种宝石。

龙神种类非常多，大体上可以根据其品性分成五大类：善神类甲仁，障碍神类芒仁，剩下的三类亦正亦邪。她们分别居住在东、南、西、北、中，把人类封锁其间。

龙，也被称作水神，她们主雨水，掌管着避水旱等灾害，防止疾病、饥饿、受伤和人们的贪心、嫉妒等。因为水是蓝色的，所以求雨巫师在进行祈雨仪式时，必须穿蓝衣服，手持蓝色障幢，供奉蓝色食品，一切都以蓝为主，人们觉得只有这样，才会灵验。

龙，还被称为财神。这是因为她们的家在水底，水底有五百座龙宫，可谓家大业大。而事实上，她们不一定居住在自己的龙宫里，而是会外出巡游，为了奉请龙神，每一户人家也都设有龙王的居处。因而西藏人民家里每逢藏历新年，都要在灶后被烟熏黑的墙上，用糌粑面点画一只蝎子和一个雍仲符

号,并且在旁边还要点画上酒壶或茶壶以及供奉食品,用这个办法来祭龙神,祈求财神能够布施财富。

本教里有八大龙神,其中有一位叫作墨竹色青的龙女,她是一位15岁妙龄的美女,头上有九个蛇头,下身为鱼尾。墨竹色青被供奉在拉萨龙王潭,在每年的藏历4月15日,会举行隆重的"萨嘎达瓦节",受到许多年轻漂亮的女子的推崇,她们往往在月初就做了精心准备,到了正日当天,三五成群地来到龙王潭来煨桑祭祀,供奉三乳、三甜,向龙女墨竹色青叩头膜拜,接下来再来到附近的人工湖中划牛皮船,或在草坪林卡欢歌狂舞,野餐娱乐,祈求她赐给幸福、欢乐、富裕和财运兴旺。

本教的神灵系统十分复杂,佛本融合后出现的新的神灵,已失去了早期本教神灵的原始性。

● 延寿增福的仪式 ●

原始本教曾经出现过一类叫作"迪鸟"的卜巫,其主要职责就是占卜未来、诵经祭祀、为现世人除障。最后辛饶弥沃创立了雍仲本教,深深影响了西藏人民的婚丧嫁娶、藏医、延寿、祈福、禳灾等行为习惯。

本教认为"万物有灵",这个"灵",指的就是灵性。山河日月,草木虫鱼,飞禽走兽……几乎我们人类所能瞧见的事物皆有灵性。而它们执掌着人们的生老病死和祸福吉凶,是人们无法预知和控制的神奇力量。

有些人类肉眼无法看见的事物,人们赋予了它们超乎想象的神力,这就是臆想出来的"鬼神"。本教认为鬼神不仅统治人类,甚至人本身也是由鬼神创造的——既然是这样,那么谁依附在人身上,并且主宰人的命运呢?本教创造出战神和阳神,并且认为人们一旦失去了其中一个神灵的保佑,就会死亡。人死后,要举行祭献仪式,超度亡灵。

本教认为,死亡是"人"去了另一个世界,而且那是一个充满了黑暗和痛苦的世界,死去的如何获得救赎? 本教提供的方法是通过祭献将死者的灵魂从黑暗、痛苦中赎回,并导入天国。根据这些观念,雍仲本教提出了著名的本教九乘理论和因四乘核心事件内容,这是一套原始的神、鬼体系和酬神、驱鬼的仪式。

　　雍仲本教的九乘理论指的是：因四乘、果四乘和无上乘。因四乘即恰辛、囊辛、车辛、什辛，果四乘即给尼、章松、阿嘎、叶辛，无上乘即大圆满。

　　每一乘，都有不同的内涵和意义。

　　恰辛乘：是占卜乘，用于观察病痛的吉凶；测算事情的善恶，消除灾害以及魔敌，赎死法等。

　　囊辛乘：是现象乘，即专注于祭祀和祈祷，向神祇祭祀，保佑平安；里面有赞颂法、祈祷法、酬神法等。

　　车辛乘：是神变辛乘，是一门专门讲究驱除魔鬼、呼风唤雨等的学问，在举行法术仪式的时候，要穿戴虎皮衣帽和裙，向神灵献祭祀等。

　　什辛乘：是世间辛乘，能为人驱除业障消除灾难，保护人的灵魂，同时也能为死者招魂，神变辛乘含有360种超度亡灵法、81种驱邪法、4种丧葬法等。

　　以上是四因乘，和佛法的追求解脱关系不大。下面是果四乘，和无上乘与佛法的追求和解脱有着密切关系。

　　给尼乘：意思是居士的在家修行，凭借信念、精进和智慧实现追求。其行为有转经、念诵、火供、烟供、煨桑、绕塔等。

　　章松乘：也叫仙人乘。行为中有身净行、语敬颂、意发起四无量心，其誓言是守护250条戒律，以行愿两种菩提心生起自他二利，实践无上菩提。

　　阿嘎乘：纯洁乘，见解是通达万法皆无自性。誓言是保护生起和圆满次第，如果修炼得成，则可以获得自性任运报身，此乘约等同于金刚乘。

　　叶辛乘：也就是至圣佛乘，可以通达空性法界和智慧无二，行为是三门与修行不分离没有取舍，遵从手印不离身的誓言，叶辛乘相当于一般所说的无上瑜伽。

　　修行的根本在于抵达无上乘。无上乘是最高一乘。这一乘也是大圆满、诸乘的顶尖。见解是通达普贤密意、唯一明点，万法明空不二的特性，遵循"无修无造作"的修行，以及"没有取舍、大慈悲心、无偏私"的行为，最终到达"无希求、无恐惧、一切无畏"的目的。

　　雍仲本教的教法非常注重现实作用，与世俗生活紧密相连，所以时至今日，西藏人民还保留有转神山、拜神湖、插风马旗、插五彩经幡、刻石头经文、

放置玛尼堆、打卦、供奉朵玛盘和酥油花、使用转经筒等本教遗俗。不仅如此，这些理论和实践不仅对当时的社会产生了广泛而又深刻的影响，同时也在史前的艺术中得到了具体的表现。

四因乘的主要内容有三点，分别为上祀天神、中兴人宅、下镇鬼怪。展开来说，就是占卜祸福吉凶、供奉祭祀神灵、差遣鬼神、消灾祈福。通过这四点，来实现人畜兴旺、五谷丰登，从而起到稳固社稷、巩固统治的作用。

对应到祭祀神灵方面，主要体现在三方面：祭祀土主、祭祀家神和祭祀人体神灵。

土主也被称为"土地神""地神""地母"等，实质上是掌管土地等问题的神灵，西藏人民认为他们是地上财富和地下宝藏的主人。土主以女性居多，藏语称为"丹玛"。她们分管不同地方的山，及山上的一切生灵，同时也负责守护地下的宝藏，保护地面上居住者的家庭、人畜。

在藏语里，家神叫作"钦拉"。他的主要职责是保护家庭平安，发财致富，在某些场合还起着战神和财神的作用。家神是个精灵，他力气很小，眼睛也不大，能搬来没有字的财物，但是拿不动金银。他脾气不好，心胸狭窄，因此很小的事情都能引发他的脾气。既然他的脾气暴躁，那么想要伺候好他，就不得不注意保持清洁。现在，归属于家神范畴的，至少有十类，帐篷神、灶神、仓库神、梁柱神、吉祥神、门神等都属于家神。由于拉姆女神可以保护家庭平安、招福招财，因此通常被供奉在仓房里面。

人体神灵主要有阳神、战神两类。阳神，也称为"男神"，它类似于灵魂，附在人的双肩之上，起着"命灯"的作用。战神，藏语里面称"扎哈""扎拉"或"塔拉"，意思就是说他战无不胜，属于"克敌之神"或"克敌之魂"。

西藏人民心灵淳朴，思想虔诚，觉得只要是可以保护他们的崇拜者克敌制胜，克服各种魔障和灾难，以及可以帮助自己荣登高位、增加财富的神灵，都属于战神的行列。于是，就产生了一系列的"战神群体"，比如很多人耳熟能详的"十三战神""战神九兄弟""七战神""五战神""风马昌盛四战神""战神三兄弟"，可以说，每一个战神群体，都有着丰富的、惊心动魄的战争故事。

这里就不得不提一下箭神。箭神在东西方都有，而且也都与爱情或婚姻有关。藏族地区的箭神更侧重于婚姻。西藏人民所理解的箭神是为婚礼仪式提供三支箭：白箭叫"翼神箭"，为五位神主依托处，婚使带来的聘礼之一；"双重环纹生命箭"，象征男子，是新郎的箭；还有一支是"金箭"，代表父亲送给女儿的礼物。西藏人民十分重视箭神，十分恭敬，认为箭神不仅主宰婚姻幸福，还是福运的象征，每个藏族人家几乎都要供一支"九节神箭"在家神旁，其目的和寓意，也就不言而喻了。

本教婚嫁丧葬、传宗接代、延寿增福、避灾免祸等都有完整而系统的仪式，而从事这些仪式的是本教巫师。本教巫师众多，因其职能不同又分为不同的类别，所以即使到了今天，经济文化科技高度发达，但本教巫师仍活跃于藏族民间。

● 预祝丰收的仪式 ●

西藏历史久远，与延寿增福一样，本教在很久以前也已经形成了一整套预祝丰收的仪式。

在西藏典籍《本教历算法》中，讲述了西藏农区"望果"的活动。"望果"是一个民间活动，是通过宗教祭祀神灵，以求得丰收的仪式。这是一个有趣的风俗，大概形成于公元1~2世纪，吐蕃赞普布德贡杰时期。

传说，当时的赞普布德贡杰非常仁慈、体恤民情，他希望上天能够垂怜百姓，保佑农作物能够丰收，于是请本教教主寻求庇佑。根据本教教主的指示，当地农民会在即将收获的田里绕行，并且跳舞，请求神灵庇佑。后来，这事情受到越来越高的重视，每年收获庄稼之前，本教僧侣们也会来到活动现场，组成祭祀队伍的先导，他们会高举五色幡旗，手拿缠绕哈达的神杖"达达"与羊右腿，与此同时，各个村落的农民会手里举着青稞麦穗，和肩背上插着各色小旗、手捧盛满青稞麦粒的小木盆的盛装妇女会紧紧跟在本教僧侣后面，围绕农田进行"收敛地气、祈求丰收"的仪式。

公元8世纪下半叶，一个新的教派宁玛派兴起，"望果"活动因此融入了更多的宗教色彩，而且活动形式也愈发繁复。本教、宁玛教进一步交流发展之后，"望果"活动由最初的绕行发展成为集赛马、射箭、歌舞、藏戏等于一体、有一整套祭祀仪式的欢乐活动。"望果节"的成立也是从那时候开始的，并且被列入藏族农区的正式节日。如今，"望果节"形成了包括"绕田游行"和"庆典"固定两部分祈求丰收的节日。

每逢藏历马年八月十日，在西藏的一些地区会举办规模盛大、吸引无数远道而来的游客参观欣赏的"迎神节"。"迎神节"的藏语称为"娘布拉苏"，意为"娘布人求宝"，距今已有六百六十多年的历史。这也是一个祈求风调雨顺的节日。

相传，六百多年前，巴宜区的东面有一座小镇名叫客色母，镇上有个财主边巴朵朵，他家养了一大群羊，领头羊是一只母山羊。每天晚上，母山羊都会神秘失踪，直到次日清晨才回到羊圈。羊倌于是跟踪母山羊，发现在一棵大松树下，母山羊以小山羊吸奶的姿势坐在地上。羊倌好奇地走过去，发现树下有一颗闪闪发光的石头，于是立即跑回去告诉了边巴朵朵。财主听到后，命令羊倌将石头取了回来，并将其供奉献祭，自此以后工布一带风调雨顺，不闹灾荒，粮食收成一年比一年好，牛羊一年比一年增多。后来，边巴朵朵受到霍尔、昌都丁青等部族的蛊惑，将石头卖给了他们，从此，工布客色母地方的气候就变坏了，风不调、雨不顺，牛羊减少，瘟疫也流行起来。随后，工布人在边巴朵朵的带领下，多次想再把宝石买回来，但每次都空手而归。有修行者告诉他们，如果每逢藏历马年的八月十日，举办一次隆重的招神节，就可以把福气请回来。果然，有一次，当人们正在举办节日时，宝石从丁青穷布地方飞来落到跳舞人群中。从此，工布地区的迎神节就未间断过。

迎神节活动内容包括祭神、跳神、跳"博"舞、跳牦牛舞等，以此驱魔镇邪、庆祝丰收、祈祷风调雨顺。现在的迎神节一般持续两三天，周边地区人们都会赶过来观看。

每年的农历二月初二，甘南藏族自治州的舟曲博峪会举办"调牛节"。调牛节从二月初一开始，本教经师"嘎巴"会一路喊着部落山神的尊号，上阳山，下阴山，一路行走，一路乞请保佑全寨人畜兴旺五谷丰登。等到初二日一早，人们会把牛都赶到田里，架好犁耙，选德高望重的把式调教开犁。接着，由本教经师念经，凭借着牛角所指的方向卜问吉凶。随后，村民唱颂歌，跳舞娱神，预祝丰收。

在西藏山南，每年的藏历正月十五，人们都盛装来到田里，载歌载舞，举行一年一度的春耕开犁仪式。春耕仪式是为了祈福雨水充足、无雹无霜、五谷丰登。据说，山南有一块农田，被称为"西藏第一块农田"——"萨热索当"，人们在正月十五那天来到这块神秘之田里，低头耕种，出一身汗，也是为了更好珍惜农耕，珍爱粮食，希望通过努力、辛勤，获得丰收。

　　本教作为世界上最古老的一种宗教，传承至今仍在不断发展中，尽管时代变迁，科技不断发展，人文不断丰富，但本教依旧有着自身优势，也在不断调整和适应着新的时代、新的环境。

第三章
藏传佛教信仰

藏传佛教对拉萨人民以及整个藏族人民聚居区的人们，都有着深刻而全面的影响，生活在拉萨的人们，大多数信奉藏传佛教，每个人的一生，几乎都与藏传佛教紧紧相连，从出生时的取名和祈福仪式，到去世后的丧葬习俗，无不与自身的宗教信仰有着密切关系。

● 佛教的传入与发展 ●

公元7世纪初，吐蕃第33代赞普松赞干布完成了统一大业，他将疆域扩展到北至吐谷浑，南至泥婆罗、天竺一带，东边与唐朝相邻。公元633年，松赞干布带领着臣民来到拉萨。在当时，清清的拉萨河还叫吉曲河，寓意为欢乐幸福的河水；而拉萨也不叫拉萨，而叫吉雪卧塘，寓意是吉曲河下游的牛奶之地。

松赞干布发现，吉曲河的北岸有红山、铁山、磨盘山三座大山耸立，如堡垒，似屏障，又仿佛是雄鹰展翅欲高飞，心中顿生欢喜。而且，他发现这片土地北通青海，南靠山南，西连象雄，东接多康，相当于雪域高原的中枢地带，于是，他决定将都城迁到这里。在这里，松赞干布带领臣民修筑堤坝，治理土地，开辟出了一片广阔的平原。

公元641年，在唐送亲使江夏王唐太宗族弟李道宗和吐蕃迎亲专使禄东赞的伴随下，文成公主前往吐蕃和亲。文成公主一行从长安出发，途经西宁，翻日月山，长途跋涉到达拉萨。随着文成公主一起来到拉萨的，是来自大唐丰富先进的文明，同时，文成公主还从长安请来了一尊释迦牟尼12岁等身像。在她之前，16岁的尼泊尔尺尊公主也带来了一尊释迦牟尼8岁等身像，这是最早进入雪域高原的两尊佛像。为了供奉这两尊佛像，松赞干布着人修建了西藏佛教历史上最早的佛教建筑物——大昭寺和小昭寺。随着这两尊等身像来到西藏，以及寺庙建筑的修建使用，佛教正式传入了西藏。

从这个时期开始，佛教在西藏经历了传入、发展、衰退、复兴的过程。整个过程可以分为"前弘期"和"后弘期"两个大的时期。

随着佛教在西藏的发展，松赞干布在这里创造了使用至今的藏文，并开始派人翻译佛经，佛教得以真正在西藏地区流传开来。

公元8世纪后期，赤松德赞时期，莲花生大师应藏王赤松德赞的迎请，来到西藏弘扬佛法，莲花生大师在这里成功创立了西藏第一座佛、法、僧三宝齐全的佛教寺院——桑耶寺。莲花生大师教导弟子学习译经，并从印度请来了无垢友等大德入藏，在他的主持下，重要显密经论被译成了藏文，得到了更广泛的传播。同时，莲花生大师创建了显密经院及密宗道场，开创了在家出家的两种圣者应供轨范，这一系列的工作奠定了佛教在西藏的基础，并使佛教得到了很大的发展。公元9世纪初，赤祖德赞时期，佛教到得赞普的支持与提倡，更加繁荣昌盛。从松赞干布到赤祖德赞的200多年，被称作藏传佛教的"前弘期"。

赤祖德赞支持和发扬佛教，传扬佛经，后来被反对佛教的大臣谋害，他的兄弟朗达玛继任了赞普。朗达玛在反佛大臣的支持下，掀起了一场轰轰烈烈的禁佛灭佛运动。佛教在这种禁止与迫害中渐渐衰落。

朗达玛被拉龙白吉多吉杀死后，王室大乱，自此，西藏进入了分裂割据的状态，长达400年。就在朗达玛掀起禁佛灭佛运动，即将熄灭卫藏地区佛教的火焰时，康区和阿里地区分别出现了佛教的火星，犹有燎原之势。阿里王派人从邻国迎请阿底峡大师来到西藏。阿底峡到了西藏后开始广收弟子，讲经说法，成为西藏佛教复兴时代最重要的一位人物。从朗达玛禁佛到10世纪后半期的佛教复兴，再到11世纪中叶，佛教发展出了四大教派，这一段时间，被称为藏传佛教的"后弘期"。

佛教在拉萨地区的引进与发展，经历了收获更经历了挫折，在起起落落的经历中，佛教在这片土地生根、发展，并最终成为当地最重要的宗教信仰之一。岁月的洗礼带走的是曾经的风沙与磨难，留给人们的是最纯洁的美好，是人们可以信奉一生、生命里无可替代的信仰。

● 藏传佛教的主要派别 ●

在拉萨这片纯净的土地上，人们几乎都有自己的宗教信仰，而随着时光流转，藏传佛教成为人们最主要的信仰，说起藏传佛教，很多人会简单地称之为佛教，却不知，由于传承世系的不同，以及修持方法相异等，藏传佛教在我国藏族地区的发展与传承，在历史上出现了很多各不相同的教派。如今，最主要的有四大教派。

藏传佛教重要宗派之一的宁玛派，是西藏前弘期所传的教派，是藏传佛教各教派中历史最悠久的一个教派，藏语"宁玛"意为"古老"，宁玛派形成于11世纪，比后弘期所传教派早四百余年，所以也叫"古老派"，由于该派的僧人都戴红色僧帽，因此也被称为红教。宁玛派以传承和弘扬旧密法为主，他们所传承的主要密教经典，是由莲花生、无垢友等讲述的。宁玛派的主要传承为：敏卓林寺、噶陀寺、多吉扎寺、白玉寺、雪谦寺、卓千寺等六大寺系。

说完历史悠久的红教，非常著名的还有花教。花教就是藏传佛教四大教派之一的萨迦派，萨迦派因建寺地而得名，萨迦寺为该派主寺，创始于1073年，创始人是西藏古老的昆氏家族后代昆·贡觉杰布。因为该教派寺院围墙涂有象征文殊、观音和金刚手菩萨"三怙主"的红、白、蓝三色花条，所以被称为花教。花教历史上出现过很多有名的人物，其中，萨迦四祖萨班·贡噶坚赞（1182—1251），1247年曾被元朝统治者召到凉州，商谈西藏的归属。

除了红教、花教，藏传佛教还有一个派系叫白教。白教形成于藏传佛教"后弘期"，是由玛尔巴译师开创，正统叫法为噶举派，也属于藏传佛教的重要宗派。因为噶举派僧人的僧裙中加有白色条纹，所以后人学者又俗称其为白教，不过，这样的称呼其实不太妥切。噶举派重视口授传承，耳听心会，注重密法。

噶举派有两大系统，一是从玛尔巴大师传下来的，称作达波噶举；还有一个是琼布传下来的，叫香巴噶举。这两派的密法都来自印度。香巴噶举发展到 14、15 世纪时，就并入了其他派系，在历史中销声匿迹。而达波噶举，则又分噶玛噶举、蔡巴噶举、拨荣噶举、帕竹噶举四大支派，而其中帕竹噶举又分出八个小支，总称噶举"四大支派八小支"。从教法传承上看，虽然噶举派派系庞杂、繁多，不过，其所宣扬的教义、教规基本上一致，没有太大的差异，这是因为它们都源于玛尔巴和米拉日巴的教法传承。

四大藏传佛教派别还有一个，就是噶当派。这个派别的创始人是阿底峡大师的弟子仲敦巴，他在 1056 年倡建热振寺，并以该寺为基础逐渐形成了噶当派。该派为后弘期最先创立的重要宗派，重视一切佛教经论，对藏传佛教义学影响甚大。随着教派的发展壮大，噶当派的势力逐渐扩大，并渐渐从西藏传到了其他藏族人民聚居区以及蒙古等地，作为西藏势力最大的教派，一直延续至今。

藏传佛教庞大的体系，用三天时间都讲不完，但不论哪一种，都是西藏人民在千百年来的生存与发展中，内心最纯净的信仰与神圣不可侵犯的一部分。不管时光如何流逝，岁月沧桑，只要心中有信仰，脚下的路就坚定无比，生活便一直充满力量与希望！

● 朝圣、磕长头与转经 ●

在西藏，在通往各处寺庙的路上，几乎都可以看到带着满脸虔诚，去往寺庙烧香祈福的人们，宗教信仰几乎是每一位藏族百姓心里最为重要的事情之一，而在朝圣的路上，磕头，是最常见的信仰活动。

在佛教的传统理论中，磕头必须是身、语、意三者结合的行为，如果磕头者的意念不集中，只是躯体在磕头、口中机械地念诵经文，那么祈福拜佛的效果就很微小。在《普贤上师言教》等佛教典籍中，关于磕头，有着比较详细的叙述。

据典籍记载，朝拜者在磕头时，要掌心互相捧合,仿佛是莲花盛开的姿势。然后开始磕头，顺序是，首先合掌举过头顶，以此来洗净身躯的孽障，接着合掌举到脖子的位置，可以洗净言语方面的孽障，接下来合掌置于胸部的位置，可以洗净心中的孽障，最后，要五体投地上，叩拜敬礼。

五体在佛家也叫五轮，指右膝、左膝、右手、左手以及前额。当一个人五体投地进行叩拜时，能够清洗贪、嗔、痴、慢、妒这五毒的孽障，从而获得佛之身、语、意的五大事业，即息业、增业、怀业、诛业和任业。

所有朝拜者磕头不受时间以及空间的限制，这样的朝拜，只要心诚，可以随时随地进行。有的信仰者会在自己家的经堂里磕头，也有很多信徒会在寺院门口或佛殿中磕头，而我们很多人也经常会在转经路上遇到五体投地磕头的信众。最为触动路人的，是那些从青海、四川等藏族聚居区一路磕头到佛教圣地拉萨的，信徒们用自己的身体以及虔诚的心灵一路朝拜，一路诵念，将漫漫朝圣路在五体投地的磕头朝拜中渐渐缩短。

和磕长头一样，在拉萨，还有一种朝圣的现象也十分常见，便是转经。信仰佛教的人们，通过对佛教圣物或者圣迹反复转圈，从而来帮自己洗净一身的所有孽障，以增加利乐的善业。

人们进行转经的范围，可以很大，也可以小一些，不过，都是以寺院或佛塔为中心，按顺时针方向一圈一圈来转。转经活动可以随时进行，其中每月的吉日还有藏历四月的"萨嘎达瓦"期间，进行转经活动的人数最多。在进行转经时，一些信徒还会同时煨桑、插经幡，以求帮助自己彻底清除身体里的孽障，求得一生平安好运。

● 供养与布施 ●

在《金刚经》中，有这样一段表述："如是我闻：一时，佛在舍卫国祇树给孤独园，与大比丘众千二百五十人俱。尔时，世尊食时着衣持钵，入舍卫大城乞食。于其城中次第乞已，还至本处。饭食讫，收衣钵，洗足已，敷座而坐。"从这些文字中可以看出，释迦牟尼佛是依靠信徒的布施和供养来生活的。佛教兴起于印度后，这一宗教信仰让印度人成为注重精神轻物质的民族，在当时，出家沙门依靠化缘解决温饱是一种常见的现象。随着佛教的传入与发展，信徒对僧人以及寺院的供养与布施，逐渐成为信徒们一种宗教信仰的表达方式。

当风从念青唐古拉山深处吹来，轻轻拂过拉萨的上空，拂过一座座寺庙，阵阵梵音与缕缕檀香，便传遍了整座城市。信徒走出家门，带着贡品，去往一座座庙宇，献上自己用心准备的贡品。信徒们所献的供品，一般主要有两种，一种是实物供品，另一种是意念供品。

实物供品常能在寺庙的供桌上看到，主要有净水、鲜花、熏香、灯烛、香水、糖果点心、乐器等，信徒们根据自身的能力去供奉，没有特别的规定与要求。但是，为佛祖和寺庙供奉的供品，必须清洁卫生，而且不可以吹上口中气息，信徒在上供前，一定要先洗手、熏香。供品的摆放要做到整齐、美观。意念供品，不常被提起，是指在没有条件或临时无法陈设时，信徒们用自己的意念将上面提到的那些供品一一奉于供桌上的一种供奉法。

在我国的藏族地区，供养与布施还有不同的类型。

最常见的，便是以家庭为单位的个体层面的供养。一个需要进行供养的家庭，会派出一位家庭代表，去寺院或者寻找一个合适的时机，邀请自家信任的僧人，来给家庭做供僧，以此来确定自己供养与布施的对象。当这家人遇到生老病死、庄稼歉收、人畜遭殃等情况时，这位僧人便有义务为这个家庭施法避灾祛难、祈福延寿。还有，就像前面说的，成人礼、婚嫁、葬礼等诸多人生中的重要仪式，都需要被供养的僧人来负责。而供僧的一切衣、食、住、行等开支，主要都由这个家庭来负责。这样的供养与布施，是对佛教僧人的一种间接的经济支撑，同时，也是很多僧职人员赖以存在的基础。

还有一种供养种类是以村落或社区为单位的供养。在我国的藏族地区，常把属于某个寺属的村落称作"拉戴"，字面意思是寺院的神民。而"拉戴"正是寺院的施主，村民对寺院进行供奉的同时，该寺院也有义务为他们执行各种宗教仪式。同时，这些被供奉的寺院，还扮演着临时法庭的作用，调节村落与村落之间，社区和社区之间各种纠纷问题。

此外，还有一种寺院与施主的关系在地缘上并不相连，而是建立在跨区域的人群或民族间的供养，被称为跨区域供养。跨区域的供养关系在一定程度上，是寺院权利向外推动的内部动因，同时，跨区域供养也是藏传佛教寺院以及僧人们获取收入的一种主要手段。历史上，格鲁派与清朝正是国家大一统之内的跨区域供养关系。

不论是哪种供养与布施，在很多时候，都反映信众们对佛教的信仰以及

对因果关系的信奉，供养在人们心中，是一种积善修德的有效方式，可以帮自己实现愿望、逢凶化吉、驱灾避祸，可以帮助自己在因果轮回中去往极乐世界，有助于提高声望和影响力等等。在这片天空下，信徒们纯净的灵魂始终与寺庙和僧人连在一起，有信仰的生活，充满了希望与力量！

第五篇

伍

DI WU PIAN

遵循古老传承，完善当下人生

在拉萨这片美丽纯净的土地上，代代相传至今的古老习俗一直影响着人们的生活习惯、休闲娱乐以及宗教信仰。那些古老而神秘的传说，有趣又精彩的仪式，传承了一代又一代的手工艺与作品，组成了富有拉萨特色的文化氛围，在这里，总有一种精彩让人沉迷其中，念念不忘。

第一章
祈愿上苍，感恩大地——拉萨农牧业习俗

远古时期，面对恶劣的生存环境，能够有稳定的饮食来源成为人们最基本的需求。面对极端的自然天气、特殊的地理环境和未知的气候变化，人们遂将丰收的希望寄托于各种神灵，一个个承载着人们美好向往与祈愿的神灵被"发明制造"出来，一种种祈福仪式与节日也相应而生，并一直流传于今。

●正月初五，拉萨河谷祭祀农业神●

如果将古城拉萨的生活比作奔腾不息的长河，那么一个个生动热闹的节日，就是这河上翻腾着的浪花。长长的拉萨河上波光粼粼，正是那一个个精彩节日的灿烂写照。

在很久以前，生活在雪域高原的人们，主要发源于农业生产区域，在那时，人们在自然面前十分弱小，对于季节气候的把握极为有限。但是，在长期的农业生产劳动中，人们慢慢积累了丰富的生产经验，而且逐渐掌握和确立了节气、节令、历法的规律。来自自然的神秘力量牵扯着人们的心，关系着人们的生活和生产，为了能够让粮食获得更大的丰收，为了避免庄稼遭受干旱、霜冻、洪涝等自然灾害，生活在这里的人们，对大自然充满了无限的敬畏，在漫长的农业生产过程中，逐渐形成了祭拜农业神、土地神的民间习俗。

藏族人民依照农事的季节以及农事活动的过程，发明了各种各样的农业祭祀活动，最主要是祭祀土地神、山神、天神以及湖神等各种农业神。这些神祇都和农业生产息息相关，地神管田地，山神管冰雹，天神负责气象，湖神负责河水，每一种都与农业生产紧密联系，所以祭祀活动一直以来都备受重视。这些祭祀活动经过长期的流传与发展，逐渐演变为我国藏族地区的传统农业节日。

每年的正月初五，是拉萨河谷农民的启耕节。在这天，人们不约而同来到自己的土地上，进行祭祀土地神和庄稼神的活动仪式。

祭祀农业神的活动需要提前准备，人们要提前准备好干净的青稞穗、白石头、装扮好的耕牛、种子等事物，然后经过卜算选定开耕代表，提前请好巫师。主持开耕仪式的人，要求父母双全、形象端正，而且要与巫师卜算之属相相吻合。

到了祭祀活动的这天，人们来到拉萨河谷的田地里，按巫师选好的方位摆放好祭品，先请巫师进行祝祷，唱诵祈祷的歌曲，然后由开耕代表牵上披着红布的耕牛，犁出五道田垄，边走边朝着既定的方向播撒种子，分别撒上青稞、小麦、油菜和豌豆种子。10天后，农民们会来田里观看种子的发芽情况，然后安排一年的农事。

等仪式结束后，人们便要开始新年的第一次耕田、第一次播种了，这里播下的不仅是种子，还是拉萨人民对丰收的寄望。

农业神的崇拜与祭祀，包含着的是拉萨人民对自然和神灵的敬畏，也是对农业活动的重视与尊重，更是对丰收的美好祝愿与期望。这一种美好的祝愿与祈祷，是一年农业活动的开端，是一切希望的开始。

● 庄稼干旱，请咒师来祈雨 ●

在古代，大部分地区和国家基本上都是以农业立国，农业发展的好与坏，直接影响一个地区甚至一个国家的经济与发展。而天气的变化对于农业收成极为重要。如果天气出现异常状况，气候不好就会导致收成不好，进而导致饥荒甚至战乱。

所以，早在很久以前，人们就十分重视气候对农业的影响。而诸多气候现象中，人们最担心的一个便是干旱，干旱会导致减产甚至颗粒无收，所以，在我国的很多地区，都有各种求雨祈雨的活动流传，还有各种各样的龙王庙等庙宇建筑，一切都是因为，在人们心中，神圣的神灵是无所不能的，只要虔心祭拜，祈祷，就能够帮自己躲避灾难，降雨抗旱。

在降雨稀少的季节，如果连日干旱，人们便会组织祈雨仪式，希望能通过这个仪式与神祇沟通，祈求神灵庇护，尽早降雨滋润大地。

很久以前，拉萨地区光照强而降雨少，干旱导致的减产给人们的生活带来极大的压力，后来，每遇干旱，人们便会大张旗鼓举行祈雨仪式，来请求大雨快速降临，拯救田地和收成。

在旱灾发生时，各个寺院会组织僧众们高诵《十万白龙经》《十万黑龙经》《十万花龙经》等经书，同时要向龙神奉献供品。专门司职降雨的天气法师们则会在乡间和城镇寺院或者神殿里准备和进行祈雨仪式。

法师们在器皿里装满龙神喜爱的食品以及珠宝，然后念着咒语将这些器皿埋到各个靠近水泉的地边。这只是一些最基本的求雨准备，最重要的是规模盛大的求雨仪式。一场隆重的求雨仪式仅一位法师是无法完成的，需要众多环节、众多群众的集体参与。仪式开始前，需要准备银质的镜子、盛水的器皿等。仪式开始时，由一位法师将器皿中的水舀出来，倒在银质的镜子上，如此，便能映出被人的罪愆污染的龙的影像。接下来，要念诵三大龙经，在诵经时，妇女们要身背《丹珠尔》，排成单行，然后沿着寺院或农田转圈。这些环节结束后，人们还要进行互相泼水的活动，类似于泼水节，也是一种祈求上天快速降雨的仪式。

还有一个有趣的现象，在拉萨，天气法师们常将天气的变化与一些相关

神灵的喜怒哀乐结合起来，他们会通过千变万化的云朵形状来判断干旱的原因，并找出相应的仪式来祈雨。所以，祈雨仪式便也要根据不同情况进行不同的祭拜。比如，所有的天气法师都认为，如果在晴天听到很大的雷声，同时还刮起了强劲的风，但就是不下雨，那么，这就是王系魔阻止了正在移动过来的降雨云，那么祈雨仪式就要专门祭拜他们，同时，如果是从东方飘来一块呈佛塔状的彩云，也需要祭拜王系魔才能顺利求得降雨。如果是从南方飘来怒相神所具有的如同头发般的发状云，就可以算出是魔女玛姆在阻拦降雨云，所以，必须要举行答谢女魔的仪式，才能顺利求得降雨。

还有，天气法师还可以根据自己的梦境来推断天气情况。如果他们睡觉时梦到了泼水或倒酒的女人以及正在吃草的家畜或野兽等，那么就降雨有望，如果睡梦中见到的是空房子、大火、坏收成、贫穷的乞丐等，那么这就意味着他们所在的地区即将面临干旱。

不论是流传千年，至今依然存在的祈雨仪式，还是法师根据梦境和云朵判断天气，进行干预，表达的都是人们对农业生产一帆风顺的祝愿，以及好收成的期待，更是一种与自然界和谐相处的态度。

● 农耕民俗的"安土"仪式 ●

有着 31662 平方千米广阔土地的拉萨，终年日照时间长而降水少，在古代，更是气候恶劣不适合庄稼生长。为了生存发展，智慧的藏族先民们在漫长的探索与尝试中，逐渐找到了适合这里生长的农作物以及与自然和谐相处的方式，积累了大量劳作农耕的经验。

在这漫长的过程中，先民们逐渐形成多种多样的习俗和信仰，更是发展了很多农耕仪式。随着时代的发展变化，很多仪式一路传承下来，也有不少随着岁月的远去而渐渐被人们淡忘，至今还有少部分地区流传着一些古老的农耕仪式，比如，西藏人民十分重视的"安土仪式"。

在西藏的农耕地区，每年的开耕以及下种，在人们心中都是十分神圣的事情，开春时节，人们会专门请大师卜算选择出吉日，才可以开耕。

每到春耕前，都会有隆重的安土仪式，人们会提前在村寨里选出属相相同的2男2女来进行安土仪式，如果这一年是火牛年，那么所选的4个人属相就要是牛。选好人后，村民们会请大师帮忙卜算选定一个吉日。到了这一天，在天还没有破晓前，人们会一起走到田间地头，由4名代表带领大家一起，用柏树枝丫煨烟，并向四周抛去，同时要洒少量的青稞，接着要用锄头在地里象征性地挖上两锄，代表动土了，也就意味着春耕即将开始。这样的做法，是西藏人民希望能够得到土地神的帮助，来保佑庄稼的丰收。

在拉萨的一些地区，动土仪式一般会在藏历正月底或者二月举行，具体的日子要按照藏历书上节气、天象预测结果来推算。动土仪式通常是以村为单位集体进行。仪式结束后，前来参加仪式的人们欢聚在一起，互相说着吉祥话，表示庆祝。在一些条件比较好的地区，动土仪式结束后还会进行赛马、抱石头等活动，也是为了祝愿能丰收。

新时代日新月异的发展催动着这个城市的变化，而古老的习俗，一路流传而来，是我们了解西藏人民古代农业信仰的窗口，所有农耕仪式，其实都代表了先民们对农业神的敬仰与祈祷，而在仪式中祈神古歌的演唱、田地里白石的摆放、耕牛的特意装扮、开耕人的选择、动土日的选择、播撒种子的方向等一系列准备与讲究，都是从古代一路传承而来的农耕文化与宝贵习俗。

● 西藏神话中的"丰收女神" ●

隆重的春耕仪式结束后，人们正式开始了一年的耕作劳动。春天随着动土仪式和对农业神的祭拜，人们播下了希望，开始了一年的辛勤劳动。除了祈求风调雨顺，人们更祈祷着大获丰收，五谷丰登才是一年辛劳的最佳回报。所以，除了土地神等农业神，在拉萨，西藏人民心中还有一位十分重要的神，叫丰收女神，备受人们尊敬。

祭拜丰收女神的仪式神圣无比，人们在过年前就要开始进行准备。过年时，家家户户背回新年的第一桶水后，会将干净清澈的水倒入神佛前的净水瓶里，与糌粑一起做成供品，同时还要兑好青稞酒。到了藏历新年的初一清晨，人们会带上提前准备好的供品以及兑好的青稞酒，来到自己家最好的一块田地里，开始祭祀丰收女神。

他们会在地里竖起一根长长的木杆，并在木杆上悬挂经幡，同时还要挂一把麦草，来代表丰收女神的宝座。

木杆竖好后，人们会在木杆前搭起一个临时祭台，将带来的供品和青稞酒摆放好。接着燃烧青草香树，以此来召唤神灵到来。

如果这个时节你恰好在农牧区，便会见到这样的场景，站在田地里的人们，用特殊的调子高喊着"洛雅阿妈！洛雅阿妈！请用餐吧！"（洛雅阿妈便是丰收女神）祭祀结束后，人们会围着祭台载歌载舞，祈愿丰收女神能够带来五谷丰登。

在藏族人民聚居区，农耕习俗的中心仪式是祈祷神灵和供奉神灵。每个地区对神灵的称呼有些区别，但不论是土地神、丰收女神，还是其他的农业神，人们在进行祭祀活动时是有相同点的，比如，举行各种仪式的时间是根据农业生产的时令来确定，祭品也基本上都离不开白色的石头以及青稞等作物。而举行仪式的地点几乎都是在田地里，这也正是我们最开始说的，所有关于农耕的习俗，都是古老的先民们在与自然的相处中，不断摸索尝试，总结经验而产生的，是属于西藏人民的古老农耕文化。

第二章
匠心独运，技艺超群——拉萨手工艺习俗

说起拉萨，总会有人兴致勃勃谈起神秘的藏香文化，会探索历史悠久的唐卡源流，会对藏靴啧啧称奇，会有说不完的感慨与故事，会有讲不完的好奇与问题。民间手艺人的匠心与工艺，往往令人叹为观止，而其背后的传承与文化，更是一个地区一个民族闪闪发光的文明。

● 藏香的起源与传说 ●

时下，喧嚣纷扰，许多人爱上一脉香，迷恋飘悠的味道，享受静美的时光。那来自西藏的藏香，更以它独有的馥郁，令人沉醉不已。

西藏海拔之高，可吸天地之精，沐雨露之灵。复杂多样的地形地貌，蓄积了丰富的木材资源，野生了大量植物。其中的柏树和藏红花、雪莲花、麝香、藏寇、红景天、丁香、冰片、檀香木、沉香、甘松等名贵藏药都是制取

藏香的佳料。西藏首府拉萨，更以天时地利人和的优势，成就着藏香无与伦比的幽婉醇厚。

拉萨地处喜马拉雅山北侧，全年天气多晴朗，太阳是这里的常驻大使，有"日光城"之美名，拉萨尼木的藏香，因此收获了全世界最纯净的阳光，蕴藏着雪域高原最单纯的香氛，荣享西藏第一圣香的桂冠。

藏香已经成为西藏文化的一部分。西藏三大藏香分别为尼木藏香、优敏芭藏香和敏珠林藏香。尼木藏香，源于吞弥·桑布扎在家乡尼木县吞巴村的广施慧德。公元7世纪前后，松赞干布曾派出16名青年才俊到印度学习，其他人先后客死他乡，只有吞弥·桑布扎学成归来。回到家乡后，吞弥·桑布扎将自己在印度所学的熏香技术加以改进与完善，充沛的高山雪水在吞巴村蜿蜒成河，他将澄澈的河水和丰富的藏药材完美融合，凝成了神奇的水墨藏香，清香弥散在吞巴村的山前屋后。制香的传统，在各家各户传扬，在吞巴村世代相传，延续至今已有千余年了。拉萨市尼木县吞巴村，作为藏香的发源地，生产藏香的历史悠久，已成为西藏最大的藏香生产基地。

藏香，凝聚了西藏人民千百年来的智慧。

藏香的制作工艺流程包含着藏文化的精髓。其采用柏树干、麝香、白檀香等几十种香料作为原料，制作时先将柏树干去皮锯成小段，中间打孔后用木楔子紧紧插上，再将木楔子嵌入水车摇臂；加以当地雪水，在水车带动下，柏木段在铺着石板的槽中摩擦并研磨成木泥；然后在木泥内掺入多种香料和药材一起搓揉，再将混着香料和药材的木泥放入一端开大口、一端开小孔的牛角内，挤压成笔直线条状，最后将其置于阳光充足但温度不高的地方晾晒成泥砖。加水的量度、搓揉的力度、挤压的直度至晾晒的温度，其间经过了多少次的摸索，多少次的考量，多少次的应对，才换来这袅袅奇香啊！

藏香是由多种名贵中草药经物理混合，按比例配制而成，药用性各具特色。护心脏，配上肉豆蔻；益肺，则加竹黄；保肝，就来藏红花；命脉良药为丁香；养肾，则加草豆蔻；护脾之良药为砂仁及麝香、黑香、当归等中药草，另更加入珍贵天珠、金、银、铜、珍珠、珊瑚及喜马拉雅山圣地之高山药材。

藏香配料种类繁多，碰上有毒的，还得进行细致的炮制再加工，以驱毒去污。这一捧捧的圣洁之香，凝聚了藏族人民多少智慧，蕴含了他们敬奉神灵多么虔诚的心呵。

藏香，包裹着佛爱，经岁月沉淀，醇厚绵长。

相传，吞弥·桑布扎发明了一种木质的水车来研磨制香的原料柏木。但是，他又担心水车运行可能伤及河中的生灵，于是，就在河水汇入雅鲁藏布江处立下一块石碑，用藏文写着："江中鱼不得入此河。"此后的1300多年，河中便再也没有见到鱼。吞弥·桑布扎的仁慈悲悯，化为天地瑞祥，其德馨如佛香，丝丝缕缕，浸润于藏香中。

藏香的独特制作秘方，是藏传佛教上师遗留下来的，部分藏香更加入各种加持甘露丸，弥足珍贵。

传说公元8世纪初，吐蕃赞普赤松德赞大力推广佛教，发愿建一座寺庙以弘扬佛法，可是由于吐蕃鬼神的破坏，白天修筑的建筑，夜间就会倒塌；山上的石头滚到了河谷，河谷中的石头又飞到了山上；建筑用的木、草全被烧毁；更为严重的是各种疾病流行。于是，赤松德赞请来印度法力高强的莲花生大师。高手对决，大家拭目以待，不曾想，莲花生大师来到当地后，却先收集了当时最好的五甘露等做烟供的法物，包括菩提树、白檀木、野蒿、乳香、卷柏等树，以及一些好吃的食物、好看的物品，到了晚上，他就将这些美好的物品进行燃烧，同时念诵经咒，以虔诚的心意供养这些妖魔、地神、鬼怪，获得他们的喜悦。这些妖魔鬼神感动之余，还尽心尽力地协助寺庙建设，竟然使西藏的第一座寺庙——桑耶寺提早完工。佛爱无边，广为传颂，随着"焚香"绵延，流芳后世。

藏香，少量用于家居的净晦辟邪，多用于佛教祭祀活动，是对上师三宝的供养，并且积聚了无量无边的福祉。进行焚香，对修行者的身体、气脉及心神来说，大有裨益，这是藏香的特色，亦是西藏传承古老佛文化下的瑰宝。

焚香佩香，修身养性，历来为文人墨客所青睐。燃一炷藏香，香气氤氲，心灵在净化，世间万物美好如初。

● 神秘的唐卡，背后有哪些禁忌 ●

去过西藏的好多朋友，总会津津乐道于当地人的绘画艺术，尤其是唐卡，给他们留下的印象实在是太深刻了。

唐卡在藏文中的意思是"平坦、展开、广阔"，是西藏地区用彩缎装裱后悬挂供奉的宗教卷轴画。唐卡是藏族文化中一种独具特色的绘画艺术形式，题材内容涉及藏族的历史、政治、文化和社会生活等诸多领域，传世唐卡大都是藏传佛教和本教作品，被称之为"挂在墙上的信仰"。

　　唐卡的最神奇之处在于，它们的颜料都是纯天然的，一幅好的唐卡一般由 30 多种颜色绘成，有的多达 50 种，其中白、黄、红、蓝是最常见的 4 种基本色，一些画师也会把常用的绿色作为基本色。在专业的唐卡画师那里，它们被称作白、石黄、大红、藏青和石绿。为了采集这些原料，画师们几乎需要跑遍整个西藏。其中，藏青就产于拉萨的尼木。

　　除了颜料均是自己研磨，唐卡的构图造型也都特别生动传神，着色协调亮丽，工笔精细至极，一幅复杂、精美的唐卡少则数月，多则逾年甚至数年才能完成。在诵经礼佛过程中，严格以传承的构图、形象、比例、色彩为标准的绘画，是具有加持力的。因为唐卡艺术形式独特，艺术价值不可估量，也是其他形式作品不可替代的，故而历来被人们视为珍宝。在西藏任何一座寺庙、佛堂、僧舍乃至信徒的家中，都有唐卡。唐卡艺术形式历史悠久，2006 年被国务院、文化部批准确定进入第一批国家级非物质文化遗产名录。这不仅是对唐卡艺术的认可，也有助于传承和推广唐卡艺术。

现在越来越多的画师走进西藏，潜心研学唐卡艺术，也有越来越多的人喜爱唐卡，前往拉萨的八廓街请一幅唐卡。因为在拉萨制作唐卡的作坊，都集中在八廓街附近的老城区的各条小巷中。只要是开着的工艺品的店铺，都陈列着大大小小的唐卡。拉萨的唐卡绘制派别种类齐全，有前藏噶玛噶赤派、后藏钦泽派、卫藏勉唐派以及直孔刺绣唐卡。他们有画功繁简之别，有色彩新旧之分。其中真旧假古才是鉴别真假藏品的关键，也是价格上下的真本钱。

在高原之上，在西藏人民心目中，唐卡还是修行的一种方式。西藏人把唐卡画师统称为"拉日巴"，意思是画佛或神的人。画唐卡是神圣的工作，芸芸众生之中，他们被选中接受描摹永恒的任务。绘制唐卡的过程，是一次神佛重现的过程。

绘制诸佛神明的唐卡画师们，在这方寸之间倾注了一生的心血和时间。对于他们来说，这是直抵灵魂的修行。同样，当人们静心面对唐卡的时候，无论你是观看欣赏，还是闻嗅接近，除了会感受到唐卡画面之繁复、色彩之绚丽、笔法之细腻，还当专注于唐卡的内涵，感受宗教之真谛，从我做起，从当下做起，因而，当你接触到唐卡时，你的心是活跃的，是在感受和思考，是在不断提高，也是在不断沉潜自省。

我们不妨试着想一下，在拉萨，大多数人都有着自己的宗教信仰，当他们逐水草而居时，方便携带的唐卡就成了他们随身携带的庙宇""移动的佛龛"，他们可以将唐卡卷起来、展开来，唐卡比塑像轻，不论迁徙到哪里，往山岩、帐篷上一挂，就可以礼拜、祈祷、观想。

对于拉萨人民而言，唐卡就是一尊挂在墙上的佛像，能让他们时时获得佛像的指引、心灵的慰藉。亲人去世，家人会请一幅具有特殊意义的唐卡，是护佑亡者度过中阴阶段的保护神。很穷的人家请不起唐卡，就会去寺庙——每一座寺院都高悬唐卡，遥遥相望送出指引。神秘的唐卡，有着摄人心魄的迷人魅力。小小的一幅唐卡，制于方寸之间，也蕴含着天地万物的无穷秘密、包容一切的神奇力量。纤毫之间的淡雅与璀璨、细腻与恢宏，只有当你亲身站在面前时，才能感受到那细腻惊人的美。

也许正因为这些，让现在越来越多的人，无论是追求精神信仰的，还是渴望打扮自己和装饰庭院家宅的人，都渴望请进唐卡。然而，唐卡毕竟与宗教信仰息息相关，而非纯粹的装饰品，所以接触唐卡，自然而然也就有了禁忌。只有了解禁忌，才能更好地祈福修行，保佑自己。

唐卡的装裱分为两种，一种是藏式装裱，一种是汉式装裱（装框）。藏式装裱类似国画中的卷轴装裱，将唐卡和布料缝合在一起，木条作为两轴。如果选用这种方式，不能把唐卡拆除装裱进行其他样式的再装裱。如果拆除，那么在唐卡的四周就会留下针孔，这是不敬。汉式装裱是和装饰画一样，用卡纸（一般须在两层以上）隔开唐卡和玻璃的空隙，装在木框里面。需要注意的是，在选用木框的时候，建议选用质量较好的材质，以免木框变形对唐卡有影响。

唐卡不能挂在潮湿的地方，更不能弄到水，因为是天然矿石颜料，遇水会溶解。像南方空气比较湿润，为避免防潮，张挂时最好使用镜框。如果一定要采用藏式装裱，应将唐卡定期晾一下，尽量保持干燥，否则会脱色掉色，并避免在梅雨季节张挂。潮湿季节可利用空调、抽湿机，使唐卡保持在恒温、干燥状态。另外，悬挂的唐卡不能直接面对太阳，不能暴晒，尽量将唐卡放在阴面恒温处，因为唐卡是画在棉布上的，如果暴晒的话会使棉布膨胀把画面上的颜色拉开出现裂缝，长期暴晒颜色也会变淡。唐卡也不宜放在厨房间遭受长期烟熏，虽然它是用矿石、植物、黄金等画的，但是长期烟熏也会使唐卡表面稍微发黄。卫生间、厨房等油腻污秽的地方，是绝对不能悬挂唐卡的。

有些人想把唐卡挂在身上，这也是有讲究的。在选好微型唐卡（专门用于随身悬挂携带）后，首先我们需要准备一个叫作嘎乌的小盒子用来存放唐卡，然后再将小盒子，系在腰间或者脖子上。其次，在佩戴唐卡时，位置最好不要低于腰部，否则属于大不敬。最后，佩戴微型唐卡时，切记不要随意乱放，在取下时也应该悬挂在干净、通透的环境里。

唐卡是高雅的艺术，唐卡也是信仰的宣誓，我们在佩戴和悬挂唐卡时，为的是祈福、消灾、静心、修身、养气，因此一定要谨慎认真，虔诚精进。这不仅是尊重唐卡，敬畏神灵，更是珍爱自己。

●有关藏纸的传承与习俗●

在造纸术还没有传入西藏之前，西藏人民曾经使用过树皮、石片、羊胛骨头，以及木板、竹片、羊皮等作为书写载体。直到松赞干布迎娶文成公主后，文成公主入藏，带去了中原文明，西藏人民才有了轻便的纸张——藏纸。藏纸就是汉民族造纸术与藏族在造纸原料上的一次磨合与改进。

据《中华造纸两千年》一书中记载"吐蕃650年开始生产纸张"。这种纸张就是藏纸。当初藏族、汉族工匠们在当地没有找到中原造纸所用的竹子、稻草、渔网等原料，经过多年摸索，最终生产出了工艺独特的藏纸。藏纸的出现，可以说是大大推进了西藏文明发展的进程，如今，我们在拉萨的布达拉宫、大昭寺、萨迦寺等寺庙看到的经卷，大多是用藏纸誊抄与排印的。在西藏，抄经通常要用金、银等珍宝书写，其纸为蓝褐纸，在《雪域文库》中记述："纸浸泡在藏青果捣碎后泡水至发黄液体中，稍晾干后，再浸泡在青稞酒中，如纸张变色即为上品蓝褐纸。"藏纸的使用迄今已有1400多年历史，它记录了西藏的历史，见证了西藏的文明进程。

藏纸曾经出现了只要当地有造纸原料，有清澈的水源，就能设立纸槽，进行造纸加工的局面。藏纸制造工艺从西藏东部的西康再往西延及工布、塔布、珞瑜、门隅，到前藏的拉萨、尼木、墨竹工卡，以至后藏的日喀则、岗巴、聂拉木以及阿里等地，几乎遍布全藏。

藏纸用到一种特殊材料：瑞香狼毒根部纤维。瑞香狼毒根部纤维主要原料是一种叫狼毒草的有毒性的野草，藏语叫"日加"，也就是人们经常听说，并谈而色变的"毒狼花""断肠草"。

狼毒花色彩艳丽，主要出现在草原或草场上，因草质本身具有毒性，故而藏纸具有久经岁月、不怕虫蛀鼠咬、不腐烂、不变色、质地坚韧、不易撕破、耐折叠、耐磨等特点，被大量用于经典著作、政府官文的书写和印刷。

藏纸的制作工艺是一门相当复杂严谨的艺术，整个制作过程中的每一个步骤都需要准确无误，才能做出精美的藏纸。藏纸制作工艺主要分为去皮、剉捣、蒸煮、沤制、漂洗、捣料、打浆、抄造。抄造过程以木框绷紧的纱布筛作为纸模，大小规格随意掌握，将浆液浇注于其上，滤水时一定要端平，否则纸的厚薄不均；经日晒干，揭下成纸。如何判断一张藏纸是否上乘？好纸标准为：厚薄均匀，不透孔，没有污点和杂质，不留砑光痕迹，柔软、白净。

随着社会历史的发展，造纸技术不断推广与普及，幅员辽阔的西藏出现了多种造纸技艺同步发展的壮观局面，所以不同地区制作出来的藏纸也都有不同的"个性"。我们现在知道的有，西藏东部地区盛产康纸，西藏南部盛产金东纸、塔布纸、工布纸、波堆纸、门纸（珞巴、门巴地区的纸），卫藏地区盛产尼纸、藏纸、聂纸（聂拉木纸）、猛噶纸、灰纸及阿里纸等。

因材料各不相同，技艺互有差异，所以不同地区制造出来的纸张作用也就有所不同。如拉萨尼木的毒纸就非常适于书写馆藏文献，金汁、银汁纸就适合书写《大藏经》，而有些纸非常精致，适用于制作邮票。当然，有些纸张也深受一些特殊人员的喜爱，如达赖喇嘛使用的全部纸张以及向达赖喇嘛呈察、赏单等都使用金东地区产的纸，摄政和噶伦使用达布地区产的纸。这两地产的纸张质地薄、耐拉，一面为光滑面，抗折，算为上品。噶厦在颁布短敕令时都是使用错那产的纸。这些林林总总的藏纸品种，让人顾盼生辉，喜悦钦叹。

藏纸工艺不断成熟，藏纸品种日益繁多，人们对这轻便的新事物非常喜爱，于是藏族造纸业不仅在西藏地区得到全面推广，还传入印度、尼泊尔、不丹等国。高超的藏纸技艺，悠久的藏纸历史，丰富的藏纸生产经验，遍布全藏的藏纸工艺，创造了独具特色的藏纸文化。

藏纸也有过一段衰微的时期。20世纪50年代以后，藏纸发展进入缓慢阶段。而今，由于复杂烦琐的纯手工工序，一个人一天只能做出一张纸，加之狼毒草根部有一定的毒性，长期接触，对手指关节、眼睛和胃都有不良影响，因此现在的很多年轻人都不愿意从事这门手艺，而这，也为藏纸的未来蒙上了一层久久不散的阴影。

不过，藏纸工艺的传承不会后继无人，在一些地方，依然有一些人默默地制作着藏纸，他们默默传承古老的藏纸技艺，以缓慢的速度向前发展藏纸工艺，尽管缓慢，但仍然能让人看到希望的火种。

在隶属于拉萨的尼木民族手工艺园藏纸厂内就有"一匠"，他就是拉萨造纸技艺国家非物质文化遗产项目代表性传承人——次仁多杰。

次仁多杰从 7 岁起开始学习雪拉藏纸制作技艺，几十年来从未停歇过。即使是在 20 世纪七八十年代，因价格低廉的机制纸品大量涌入冲击了传统藏纸市场，藏纸处于生产停滞状态的那段时间，次仁多杰也默默地传承着雪拉藏纸的制作技艺。1988 年，次仁多杰和雪拉藏纸迎来了命运的大转折——为西藏自治区档案馆修复古籍提供藏纸。2009 年，次仁多杰当选国家级非物质文化遗产代表性传承人，后来，他又被西藏自治区总工会评为首批"西藏工匠"，次仁多杰深感传承藏纸制作工艺的责任和重担。

如今，随着西藏地区旅游业的深度发展，藏纸文化又寻找到新的发展出路，以藏纸为原料的皮纸绘画、雨伞、太阳帽、礼品包装袋等工艺品，已经热销西藏各个旅游景点，让游客爱不释手。我们透过这些新奇有趣的工艺品，再次看到了藏纸的传奇魅力。

● 雪拉村的世代藏靴匠人 ●

以前，拉萨的人们都比较习惯穿靴子，这是高原山地与气候以及生活所致。藏族的靴子简称"藏靴"，藏语发音为"松巴拉姆"。藏靴讲究色彩搭配，黑色的鞋腰，白色的鞋底，红绿相间的鞋面花朵艳艳，栩栩如生；双双做工考究，针脚细腻，可谓是巧夺天工，引人入胜，让人瞠目结舌。如果在传统节日上，藏族的儿女载歌载舞，人们一定会被他们的靴子深深吸引。

藏靴的制作工艺复杂，故而多为手工缝制，难以用机器代替。历史上藏靴制作派别林立，大师众多，西藏各地均不乏制鞋高手。一般说来，藏鞋大致分为三种，即"松巴鞋""嘎洛鞋"和"嘉庆鞋"。"松巴鞋"以花纹美丽著称；"嘎洛鞋"美观、结实；"嘉庆鞋"则属于藏鞋中的高档品。

拉萨境内的尼木县有着独特的地理位置，尼木县地处西藏中南部、雅鲁藏布江中游北岸，系西藏前、后藏的结合部。西部与日喀则市南木林县相邻，东部与曲水县相接，深厚的文化底蕴对尼木县的影响也极为深远，故而尼木县成为西藏重要的文化强县，这里的藏靴非常有名。尼木县塔荣镇雪拉村更是制靴重镇，在这里，一些制作藏靴的工匠们可谓世代承袭，他们以制作"松巴鞋"为主，而他们这里的"松巴鞋"又兼具日喀则和拉萨的双重风格，深受拉萨当地群众以及外来游客的喜爱。

"松巴鞋"可根据用料的质地不同及工艺的繁简程度不同分几个等级，同时也可以分为男式、女式及童鞋等式样。其中较为高级的有"松巴梯呢玛"，做工精致考究，喜庆节日才拿出来穿用。无论何种等级，何种样式，大的结构基本相同，都是由牛皮、棉线、丝线、金线、毛线、氆氇、呢子、棉布等材料用手工一针一线缝制而成。

松巴鞋的鞋底是牛皮做的，用粗毛线密密缝订，厚达寸余。鞋帮色彩斑斓，分别用红、黄、绿、蓝等8种颜色的丝线绣花边和花瓣，鞋面绣银花朵，十分艳丽好看。鞋帮用黑氆氇呢做长腰，长腰与鞋面间，用红、绿毛呢相接，颜色相配得体，长腰上端靠腿肚部位，竖开一条约10厘米长的口子，便于穿着和提携。这种鞋，实际是靴，非常适合在高寒地区穿。

藏靴的制作原料为"索姆热扎"，一种类似大麻的西藏地区特有植物。"索姆热扎"浑身都是宝，其果实可以用来炼油，当然也可以和青稞、小麦、豌豆等粮食混杂做成食品。制作藏靴的原料是它的杆茎，每年秋收过后，农闲时家人就会到附近的山上把"索姆热扎"砍回来浸在水中，数日后将其捞出晒干；晒干后，用木棍将其拍打成"棉花状"，然后抽出纺成线。

"索姆热扎"线多用来纳鞋底。用"索姆热扎"纳出来了的鞋底结实耐穿，且经水浸泡会越变越硬，变得更结实，深受农牧民欢迎。但纳鞋底却是件不容易的事，几厘米厚的鞋底需要用锥子一下一下扎，扎一个缝一个，针针是力气活、针针是技术活；鞋底纳得密实均匀才有卖相、才能卖个好价钱。藏靴缝制人旺堆手上老茧满满，伤痕累累，一看就知其所言不虚。

此外，牛皮也是鞋底的主要原料，有的纯用牛皮做鞋底，有的将牛皮钉在"索姆热扎"鞋底上，一般底高2厘米。为了让鞋底更柔软，有时制靴者也会将毛毯等缝在鞋底间，也可以增加靴子的保暖性。

相比纳鞋底而言，做鞋腰、鞋面就是细活了，制靴技艺也大多体现于此。鞋面上一般要绣上许多精美的图案。一般以花朵为主，相对而言女式靴子花朵较多，男式靴子花朵少，也有一些男式靴子鞋面上不绣花朵，唯求素雅。

在雪拉村，最有名的制靴师傅是旺堆，他现在已经被确定为拉萨市非物质文化遗产藏靴制作传承人，旺堆不仅感觉荣幸，而且觉得身上担子更重了。旺堆家的几代人都做藏靴，旺堆从 17 岁开始便在耳濡目染之中学会了这门手艺。旺堆上有父母姑姑，下有三个读书的儿女，如今旺堆的父亲旦增欧珠年事已高，不能再继续制作藏靴了，家庭的重担由此落到了旺堆一人身上，家里有十亩田地，几头牲畜，虽终日忙碌，出于对这项民族传承的坚守，旺堆的藏靴制作从没有停歇过。

旺堆作为雪拉村制靴工匠的代表，有着很强的勇于担当的责任心，目前正在鼓励雪拉村更多的年轻人跟自己学习技艺，好组建制靴合作社，扩大生产规模，带动大家致富，把"雪拉藏靴"做大做强。这是一个美好而现实的中国梦。

国家越来越重视西藏地区的经济发展和文化保护与传承，推出的农牧民专业合作社是在家庭承包经营的基础上，同类农产品的生产经营者或者同类农业生产经营服务的提供者，自愿联合、民主管理的互助性经济组织。随着时代的发展这种经营方式优势越来越明显，广受农牧民群众青睐。"雪拉藏靴"发展也可以走这样的路子，不仅有利于将"雪拉藏靴"制作技艺发扬光大，也能让更多的人通过制作"雪拉藏靴"富裕起来。

像旺堆这些雪拉村的年轻人，他们继承了传统的制靴技能，更应该受到政策的扶持，不仅要让他们富起来，还要让他们自豪起来，幸福起来。这也是国家正在努力的方向。

第三章
斗智斗勇，怡情益智——拉萨游艺习俗

如果没有走近拉萨城，如果没有在拉萨停下脚步生活一段时光，如果没有参加或围观过拉萨的任何节日，你一定不会知道，这里有多少你想象不到的趣味习俗。复杂精细的藏围棋，充满欢声笑语的石头赛，每一种游艺习俗都是无可取代的文化元素。

● 藏围棋的由来 ●

藏式围棋，在藏语称为"密芒"，按照汉语翻译过来就是"多眼、多目"的意思。它实际上是由古代围棋（17×17道围棋）逐步演变而成，藏棋棋盘是由纵横17道等距离平行线垂直相交成的正方形。棋子分黑、白两色，比赛前要在棋盘固定位置摆放12子（黑、白各6子）。

藏棋下法与围棋有许多相同之处，也有独特之处，包括打枪、裕裢、三碧、四碧、转拉萨、转棍、卡子、哈木等，既可二人对下，也可四至六人对下，藏棋没有让子之说，如果双方实力相差甚远，一律用"贴目"的办法解决，具体"贴目"多少，赛前由双方商定。一般人用三四个小时可下完一局，棋艺高的要花一天时间，甚至通宵达旦才能终局。

让藏围棋被关注是在1959年，锡金王子去日本访问时，带了一个布质的藏式围棋棋盘，期间要求与日本围棋棋手对弈，这种新奇的围棋方式在日本围棋棋坛和社会上引起了不小的震动。经过询问，王子告诉他们，他的藏式围棋是从达赖喇嘛处学来的，由此，便揭开了藏式围棋的神秘面纱。

藏围棋之所以能由锡金王子的一次举动再次引起轰动，这与藏围棋的发展原因密不可分。藏围棋在长期的发展过程，仅仅在上流社会中流传，由于旧有习俗和历史，藏围棋并没有被普通的社会大众掌握、理解、传播。时至今日,"密芒"依旧是很小众的玩法,不仅外地人极难见识到,甚至本地人都难得一见。这样,更是给藏围棋蒙上了一层又一层的神秘面纱。

关于藏围棋的起源,流传着四种说法。第一种说法是在汉代,由居住在四川、青海一带的羌族同胞传入西藏;第二种说法是由古印度随着佛教文化于汉朝前后传入西藏;第三种说法是由西藏人民自己发明的;第四种说法是在三国时期由诸葛亮带入云南,又从云南传入西藏。现代人更多的倾向第一种和第四种的说法。

在西藏,自古就有围棋流传的历史记载。在《旧唐书·吐蕃传》中有:"围棋陆博,吹蠡鸣鼓为戏。"在《新唐书·吐蕃传》有:"其戏纂六博。"而且《敦煌本吐蕃历史文书》(藏文)亦有记载:松赞干布的父亲朗日伦赞的大臣,著名的政治家、军事家琼布·苏孜色擅长下密芒,而且棋艺高超,能边处理公事边下棋。

另外,著名藏族诗史《格萨尔王传:贵德分章本》征服霍尔中,记载有格萨尔与霍尔的亲王梅乳孜下棋,一负后三胜的故事。

除了在历史的著作中有关于藏式围棋的记载,在西藏还有很多关于密芒的传说。

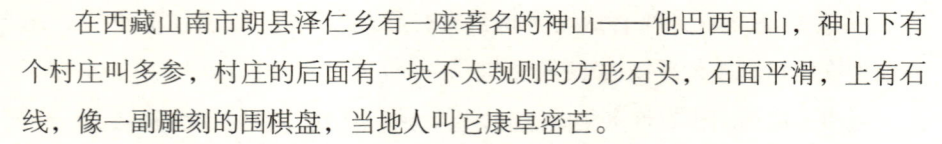

在西藏山南市朗县泽仁乡有一座著名的神山——他巴西日山,神山下有个村庄叫多参,村庄的后面有一块不太规则的方形石头,石面平滑,上有石线,像一副雕刻的围棋盘,当地人叫它康卓密芒。

在这个棋盘上,狮头神女常在这里邀恶魔下棋,每次下棋,都是一场鏖战,他巴西日山的上空总是狂风四起,乌云密布,似乎是盘上厮杀异常激烈的现实投射。由于每每都有观音菩萨在背后伸出援助之手,因此神女总能一次又一次地降服恶魔。

此外,在日喀则附近的夏鲁寺和萨迦寺,保留着每十二年跳一次独特的宗教舞蹈密芒舞的传统。咒师在当日身穿黑白服装,戴着面具,犹如一颗棋子,在画有藏棋盘的场地有规律地缓慢挪动,像是在神女的指点和恶魔下一盘神秘的密芒。

据说在日喀则大竹卡的西藏本教热拉雍仲林寺里,至今还保存着一部密芒阿即藏棋咒语经,在甘南夏河拉卜楞寺还收藏有一本关于藏式围棋的书《密芒吉单居》,意即《藏棋之理论》(作者是19世纪中期的藏族天文历算家

丹巴加措，书中不仅有藏棋的下法和理论，还收录了部分前人所下的密芒图谱）。

随着时代的变迁，藏围棋作为西藏一种古老的棋类游戏，已经不仅是贵族、寺院僧人、大户人家和军官之间对弈的游戏了，现在已经有更多的藏围棋爱好者参与进来，并且传播出去。每当雪顿节过林卡时，藏棋高手和爱好者就会自发地聚在一起一边喝酥油茶、吃酸奶，一边对弈下棋。

藏围棋根植于藏族人民土生土长的文化，是藏文化不可分割的重要组成部分，也是中华民族文化的瑰宝。藏围棋在对弈中千变万化，魅力无穷，深刻包含形象思维、逻辑思维创造性的规律意识，可以最大限度地开发大脑、增强计算力和想象能力，提升人们对自然、社会、未来世界的理解认知，具有开发智力、启迪思维、增强记忆的魅力。我们应该清醒地感觉认识到，它们自身具有独特的魅力，激发着藏棋爱好者们的想象力和创造力。

我们在与好友喝酥油茶、吃酸奶，对弈下棋时，如果能够看上一场地道的赛牦牛，那将更悠然自在。

● 你一定没有见过赛牦牛 ●

对于未到过青藏高原的人来说，赛牦牛是一件陌生的事，因为牦牛是青藏高原的特产，很多外地人从未见过牦牛，更不要提赛牦牛了。可对于生活在青藏高原上的游牧民族来说，赛牦牛是藏族的传统体育项目、娱乐项目。在比赛中，牦牛"盛装出战"，头上饰彩色璎珞，背部披着彩色毯子，由当地经验丰富的牧民驾驭性情暴躁的牦牛进行赛跑比赛。在喜庆、婚嫁等节日里，赛牦牛给人们的生活增添了无穷乐趣。

牦牛，这一年轻而又古老的动物，是高原先民最早驯化的牲畜之一。它伴随着这个具有悠久历史和灿烂文化的民族生存至今已有几千年的历史。《说文》中记载："西南夷长毛牛也。"《山海经·北山经》中则描述曰："潘侯之山……有兽焉，其状如牛，而四节生毛，名曰旄牛。"

高原人民衣食住行都离不开它。它既可用于农耕，又可在高原做运输工具。它还有识途的本领，善走险路和沼泽地，并能避开陷阱择路而行，可做

151

旅游者的前导,这便是被称为"高原之舟"的牦牛,不过,在衣食住行之外,乐观聪慧的高原人又发现了牦牛的另一个用处,一个供人消遣娱乐的用处——赛牦牛。

赛牦牛,原在每年的11月25日进行,现改在望果节(秋收前)和响浪节(农历六月中旬)举行。比赛时,牧民骑手待于起跑线,发令后即驭牛疾奔200~300米,以先到终点者为胜,获胜者将受到观众的热烈祝贺并有酒肉奖励。

赛牦牛可能在松赞干布和文成公主结合之前,就已经广泛活跃在高原农牧民的生活之中。它不像古时候的宫廷贵族歌舞,平民百姓看不见也昂贵得看不起。但真正让赛牦牛受到当时政府重视并推广,松赞干布和文成公主功不可没。

相传在唐朝初年,松赞干布迎娶文成公主,迎亲、娶亲的队伍到了玉树后,举行了隆重的欢迎仪式。其中有精彩的赛马、马球、射箭、摔跤活动,尤其是黑、白、花各色牦牛组成的赛牦牛活动,更让人们惊奇不已。

但文成公主背井离乡,心底多少有些愁绪。英俊伟岸的松赞干布眼见心中爱人不乐,自然焦急。但这种愁绪、不乐、焦急,却在一场赛牦牛的大会上统统烟消云散。当时赞普和公主的表情怎样,我们也只能猜测了,欣喜、激动可能都挂在脸上。据文献记载:赛牦牛的别开生面和情趣,令久居深宫的文成公主及送亲的官员大开眼界。文成公主等异常欣喜,忘却了背井离乡的忧愁……当文成公主看见赛牦牛时脸上闪过的欣喜和笑容,被细心的松赞干布看见,更记在了心里,文成公主脸上的表情——一颦一笑,喜怒哀乐,自然逃不过她未来丈夫的眼睛。

松赞干布便以行政命令决定:以后每年赛马的同时,举行赛牦牛这一富有情趣的活动。这还需要什么理由呢?美人一笑,胜过天下佳肴。于是,文成公主今后在高原的每一年,都能欣赏令她开心快乐的赛牦牛活动。

赛牦牛在牧区和半农半牧区比较盛行。中华人民共和国成立后,赛牦牛活动得到了很大发展,参加人数也开始慢慢增多,跑队长度增加到2000米,以时间来计算名次。这一天,农牧民带着青稞酒、酥油茶和牛羊肉,穿上节日的盛装,把牦牛打扮起来,兴高采烈地参加一年一度的赛牦牛比赛。

赛牦牛比赛一般由一个部落或地区发起,邀请邻近部落参加,也有闻讯后从百里之外赶来的参加者,受到邀请的部落立即准备,选取优良的牦牛和骑手,由长者召集人研究对策,比赛选拔,驯养调教赛牛,以求在比赛中夺魁。

赛前,骑手将牦牛精心洗刷打扮,并在长而弯曲的牛角上系上各色彩绸,表示吉祥如意、夺魁在望。骑手头戴礼帽,身着藏袍,腰扎红带,足蹬皮靴,干净利落。他们多是十四五岁的少年,体轻灵巧,便于驭牛。

别看赛前的准备和阵仗煞有介事,但真正到了赛场上,骑手和他的牦牛一定会闹出不少笑话。"赛马看技巧,赛牛看笑话。"这是高原农牧民常说的一句话。牦牛虽然已经被主人驯服,但谁也不能保证它在赛场上不发"牛脾气",正是这种原因,造成了赛场上会出现许多欢乐场面。

当裁判员发出起跑命令后,有的赛牛奋力奔驰;而有的尽管骑手两腿紧拍牛肚,口中吆喝声不断,手中的缰绳抖动不停,但牦牛就是在原地打转,或疲疲沓沓地不肯奔跑;有的甚至掉头向后跑;更有趣的是,有的赛牛一直奔驰在前,但即将到达终点时,却驻足不前了,使主人眼看到手的荣誉,就在这最后的几秒钟白白丢掉。赛牦牛同样惊心动魄:有的牦牛跑到中途,会转身向观众席冲去,看它那气势,似乎再用"九头牛也拉不回",观众往往吓得惊声尖叫。因此,每次赛牦牛,都会有"芸芸众生相",令人忍俊不禁。

● 有趣的石头竞赛 ●

说起运动会,想必大家都不会陌生。从学校到国家,从国家到国际,总会有各式各样的运动会。与标准化的运动会相对而言,每个国家甚至每个地区都会有自己特色的运动会,这些特色的运动会上必将会有独特的体育运动项目,这样似乎就多了很多的趣味性和地域特色。

在中国这个多民族的国家中,更是有着独具特色的体育项目出现在运动会上。尤其是在中国海拔最高的西藏——这个高海拔神秘的圣地,当地又会有什么与众不同的体育项目出现在民族运动会中呢?我们可以一探究竟。

每年,西藏人民都会举行一个非常隆重的特色运动会,除了赛马、摔跤、赛牦牛等,还有一个项目是藏式举重项目。在比赛时,只见运动场地中间放着一块圆圆的大石头，目测超过100公斤，在这石头的四周围满了藏族群众挑选出来的壮汉和当地民众。群山之中的草原，蓝天白云，仿佛给这个举重比赛增添了神圣之感。

在2019年，第十一届全国少数民族传统体育运动会的赛场上，西藏代表团带来了这项特殊的运动——抱石头，其精彩的表演，赢得现场观众阵阵喝彩。

抱石头比赛历史悠久，藏语称之为"朵加"，是藏族传统体育项目之一，体现了藏族人民对力量的崇拜。此项运动与赛牦牛一样被刻在壁画上，在闻名中外的大昭寺、桑耶寺等西藏寺庙壁画中，皆绘有彪形大汉抱举石头的画面。

"抱石头"比赛之所以在西藏经久不衰，与他们的地理环境密不可分。在平均海拔超过4000米的西藏自治区，我们快步走路都会喘气，对于西藏人民来说，虽然天然的适应能够让他们在这片土地上好好生活，但对于极限的运动，依旧是一项挑战。对于这群天生不服输的民众来说，他们更乐于接受这项有趣的运动。于是抱石头这一大力士之间的较量自古以来就深受西藏地区人民群众的喜爱，其规则也很简单——谁能在规定时间内抱起同等重的椭圆形石头，并走得最远谁就能获得胜利。于是，"抱石头"比赛同赛马、摔跤、赛牦牛一样，成为大小节日活动中不可缺少的体育项目。

相传，抱石头比赛最初出现于松干赞布时期，抱石头活动在形成初期主要是作为军事训练的一种手段，起到强身健体可奋力杀敌的作用，在《格萨尔》史诗中生动描绘了格萨尔王"手抓铁石练臂力，把大力野牛做对手"的风采。西藏民间至今还流传着格萨尔王赛马、抱石举重的故事。17世纪时，五世达赖喇嘛将其列为藏族男子必备的"九术"之一，这说明当时宫廷贵族和寺院对"抱石"比赛极为重视。

纵观历史，有关这方面的记载比比皆是。藏书《贤者喜宴》记载：吐蕃赞普赤都松时，有大力士将一头牛举起。1982年西藏自治区第四届体育运动会正式将抱石头比赛列为西藏民族传统体育表演赛项目。

藏族举重在早期是不分重量和级别的。不论是抱石头，还是举皮袋，都是选用椭圆形的石头和装粮食用的皮袋（比赛时内装砂子）。不论年龄，不分体重，只依照把石头抛多远确定名次或抱石到肩走圆多少圈定胜负。

比赛时，藏族的勇士们抽签决定上场顺序，逐一去挑战这个大石头，据说，每次比赛用的石头重量都会超过100公斤，勇士们则脱下上半身的大衣捆绑在腰上，露出强壮的上肢，向在场的观众们展示自己的力量。

场下的选手，都会根据上一个选手的表现制定对策，都会根据石头的形状、着力点以及对手的优势和不足，去分析自己的优劣势，以便自己在上场的时候调整好自己的姿势、发力点等等，可谓是一项智力和身体的极限挑战。

"抱石头"作为民间体育项目，曾经在西藏全区广泛开展。以前在耕作之余或放牧之暇随便几个年轻人在一起都可以进行"抱石头"比赛。近年来随着西藏经济的快速发展，人们的生产、生活条件也发生了很大的改变，"抱石头"活动逐渐衰落。

但是，由于"抱石头"比赛的独特性，在其他地方鲜有看到尤其是在全国旅游品质、品类雷同的情况下，无法满足年轻人的猎奇心理。因此对于到西藏旅游的年轻人来说，穿上藏袍，在青藏高原上提神体验"抱石头"比赛，是极其具有吸引力的。因此在体育与旅游的结合下，作为青藏高原独特的民族传统体育文化"抱石头"将会再次掀起一场高潮。

● 摔跤是这样玩儿的 ●

世界上历史最悠久的竞技运动——摔跤，在出土的5000年前的古埃及壁画上就已经出现了。在公元前776年举行的古代奥运会中，摔跤已经成了其中的比赛项目。在中国，摔跤运动同样有着悠久的历史，特别是在藏族人民的生活中，摔跤更是历史悠久、至今仍盛行的体育运动。

藏式摔跤，藏语称为"北嘎""加哲"或"有日"，康定藏族人民叫"写泽"，白马藏族人民称其为"卡惹则"。早在原始社会时期摔跤的雏形就已出现。在冷兵器时代到来之前，藏族先民在与自然界、与敌对部落的争斗中，贴身肉搏是其最主要的对战形式。这种贴身肉搏战就是摔跤的雏形。

据考古挖掘发现，最原始的摔跤遗迹出现在石器时代的雅砻河谷，甚至有学者研究认为，摔跤广泛流传于我国的藏族地区，系统反映公元7世纪以前的古代藏族社会的英雄史诗《格萨尔》就有摔跤的传说。

摔跤开始流行是在松赞干布时期。当时，摔跤不仅是一项体育活动，更是军队的日常训练和作战的主要方式之一。据《西藏志·兵志》记载，其中就有"习武""跌扑"等内容。古代军队在训练中，用摔跤锻炼战士的力量意志和对战技巧。如果说古代战场上的"北嘎"是以生死为代价的战争，那吐蕃军队中士兵的切磋就该是最早的、接近体育精神的"北嘎"比赛了。

藏式摔跤最为直观的记录表现在壁画上。桑耶寺的壁画中有一组公元7世纪摔跤的画面，上面描绘的是摔跤手裸露着上身，背涂酥油明光闪亮，下穿半截短裤，腰束布带，足蹬藏靴做着跤臂、拉腰、绊足等动作。

同时该寺乌孜大殿另一幅壁画将摔跤比赛表现得更为直观，只见摔跤手两两相对，共有12人分6对同时进行比赛。一方着白色短裤，一方着红色短裤，他们赤足、赤膊上阵。画面更是展现出了他们比赛时的场景：双方有的刚开始交手，有的已打得不可开交，有的已被摔在地上，还有的已经受伤停战。

通过壁画，我们还发现比赛中设有两名裁判，他们身穿藏式长袍，手持写有藏文"1"和"2"的木牌。其中持"1"号牌的似乎是主裁判，戴宽沿毡帽，站在一方桌子上；另一裁判持"2"号木牌，立在桌旁，以便为获胜者颁奖。

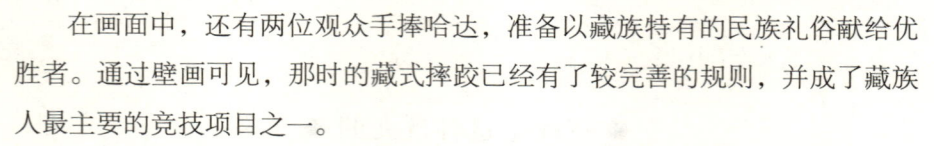

在画面中，还有两位观众手捧哈达，准备以藏族特有的民族礼俗献给优胜者。通过壁画可见，那时的藏式摔跤已经有了较完善的规则，并成了藏族人最主要的竞技项目之一。

在拉萨，摔跤作为一种角力运动极其受到当地人们的喜好，并且摔跤已经不仅仅在节日、集会或收获后的庆祝活动上被列为必有的项目，而是贯穿在日常劳动之隙，儿童更以摔跤为日常功课。摔跤已经不仅是西藏男子必学项目，在西藏女子中也普遍存在，从小女孩到中年妇女对这项运动没有不热爱的！相传在康区的某个部落中，如果一女子能通过摔跤战胜部落中所有男子，则可成为该部落的首领。

同时，藏式摔跤在卫藏、康区和安多藏族地区以及新疆部分地区也十分流行，不同的地区衍生出各具特色的藏式摔跤。有的地区衍生出"活跤"与"死跤"的比赛规则，有的地区则衍生出背抵背式和马上摔跤。

青海藏族人民的摔跤有"活跤"和"死跤"之分。对于活跤没有过多的规定，双方抢抱，抓住对方腰带，可动用手脚勾绊，将对方摔倒在地即赢；死跤则是有着明确的规定：双方从容抱定，并且不准用腿脚绊对方，摔倒对

方必须直至躯干着地。

另外，据《天祝县志》《卓尼县志》《甘南州志》等地方志记载，天祝藏族地区和甘南藏族地区的摔跤分为自由式和固定式两种。自由式的规则和青海藏族人民的"活跤"一样，可勾脚绊腿，只要摔倒在地即可。这要求选手不仅要有爆发力，还要有耐力，智谋加力量方能取胜。比赛时双方系不同颜色的腰带，相对而立。评判者宣布比赛开始，双方抢抓住对方腰带，并把握住腰部以上部位，然后通过摔、拉、起、提等动作，使对方的两个部位着地即赢。比赛一般采取三局两胜制。

在我国的藏族地区，摔跤还有背抵背式和马上摔跤。这两种独特的摔跤方式在西藏地区以外很难见到。尤其是马上摔跤，更是藏族人民独有的。

背抵背式摔跤比赛规则是双方背靠着背站立，裁判宣布开始后，双方向后或与对方双手相挽，同时用力，以将对方背起令其双脚离地者为胜。背式摔跤与面对面的摔跤相比，对参赛者的力量要求更高，是更纯粹的力量角逐。这项运动最受勇士们喜爱。

马上摔跤，对选手要求则十分全面。而且，马上摔跤十分危险，比赛选手骑在激烈奔驰的马上，并相互推摔，以从马上摔下为败。它不仅要求选手骑术了得，能在高速奔跑且颠簸的马上保持平衡，更要想法攻击对手。这种摔跤方式体现了古代战争中骑兵的作战方式。正是因为马上摔跤十分危险，在古代我国的藏族地区中也并非十分流行，如今在藏族地区更是难得一见了。

想要了解和观赏藏摔跤这项体育项目，可于节日期间到拉萨来。

● 什么是"大象拔河" ●

西藏，一个神秘而梦幻的地方。西藏，一个在界屋脊上向我们招手的地方。一万八千年前，古象雄文明在这里酝酿，轰轰烈烈。在随后的历史发展进程中，越来越多的具有浓郁地域特征的文化、习俗、娱乐、体育也在这儿悄然形成并璀璨闪耀，吸引了一批又一批游客慕名寻访，他们借助飞机、火车、汽车，扑向高原怀抱，尽情饱览西藏的异域风情和激情活力。

西藏地域辽阔，民风淳朴。西藏人民白天在放牧、耕种之余，会临时选择一些运动，适当调节生活，释放压力，大象拔河因为简单、有趣，而成为西藏人民最喜爱的一项民俗运动，大象拔河，也叫押加。

初闻大象拔河，很多人会以为是驯养大象，让这些庞然大物参加动物拔河比赛。其实不然，大象拔河应该说成"像大象那样拔河"。我们不妨试着想一下，大象如何拔河呢？它们最有助于拔河的就是自己的鼻子，大象鼻子灵活，长而有力，两只大象可以把鼻子绞在一起，在动物界，这是一种相互亲昵的友好表现，而西藏人民却通过动物界的友好表现，通过智慧想象，创造性地发明出了大象拔河。

来到西藏，尤其是西藏首府拉萨这座神圣之城，随时随地都可能会目睹热闹非凡、趣味盎然的大象拔河比赛。大象拔河，所需道具十分简单，三人即可拔河。大象拔河，对场地的需求也不是太高，只需地面平整坚硬即可。

比赛前，先在地上画两条平行线作为河界，中间再画一条中界，准备一条约4米的绳子并在两端打结。

大象拔河比赛开始啦！

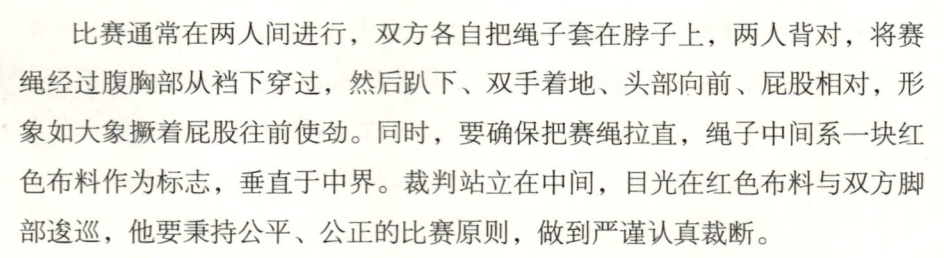

比赛通常在两人间进行，双方各自把绳子套在脖子上，两人背对，将赛绳经过腹胸部从裆下穿过，然后趴下、双手着地、头部向前、屁股相对，形象如大象撅着屁股往前使劲。同时，要确保把赛绳拉直，绳子中间系一块红色布料作为标志，垂直于中界。裁判站立在中间，目光在红色布料与双方脚部逡巡，他要秉持公平、公正的比赛原则，做到严谨认真裁断。

比赛开始后，两人用力互拉前爬，这一个动作，与大象前行十分相像。用腿腰肩颈的力量奋力向前拖动布带，以将红布标志拉过河界者为胜。当然，为了表示公平公正，也让比赛更有意思，一般要求三局两胜。

裁判是非常关键的，他尤其要留意比赛选手的脚步，如果中途脚掌（鞋子）离开地面，就要判犯规。当然了，很少有人会犯这种低级错误。因为要比赛，人们往往会选择穿增强摩擦的胶鞋、钉鞋，如果脚步离地，对方一个突袭，失败的天平也就向自己这方面倾斜了。

大象拔河，可能是世界上最有趣的拔河比赛了，非节日期间的大象拔河，人们可以随意着装，一个个趴在地上，脸红脖子粗，一会儿你前进一步，他后退一步，一会儿他前进一步，你后退一步，伯仲不分。团团围住的啦啦队

大呼小叫，热闹非常。遇到旗鼓相当的对手，双方持续较量之下，力气都耗费殆尽，则会跪在地上，寸步不让，全凭耐力和智慧，也许只要再积蓄一点点力量，给对方一个突袭，就能赢得比赛。因此，大象拔河过程中，双方可谓斗智斗勇，现场气氛紧张。但胜负一旦定下，双方将"一笑泯恩仇"，在大家热烈簇拥下离开拔河场地。

和很多体育运动相似，大象拔河也起源于战争，距今已有千年历史。相传，藏族人民心目中的大英雄格萨尔王有一次在攻打达惹、罗宗国后返回途中，发现了上千头牦牛，便采取拔河方法来分配。于是这一活动就逐渐流传了下来。然而，具有现代意义的大象拔河，才刚刚走过百年历史。

在第一届至第五届全国民族运动会中押加为表演项目，1999年第六届全国民族运动会上押加被正式定为竞赛项目，同时，对比赛场地和规则也有了明文规定。比赛场地为长方形，宽2米，长不做限制。比赛场地应有明显的界线，长边叫边线，短边叫端线，在两条边线的中点，画一条与端线平行的连线叫中线，在中线的左右1米处，各画一条线与中线平行为决胜线。

拉萨作为西藏首府，同时也是具有高原和民族特色的国际旅游城市，许多节日盛会中，都会出现大象拔河的身影。节假日期间，参加大象拔河比赛的选手，都会盛装出席。他们穿着华丽，还会戴上漂亮的帽子，就连裁判，也会穿得十分华贵，给人一种喜庆、隆重的节日仪式感。

大象拔河，藏语又称为"浪波聂孜"，意为大象颈部技能。如今，作为民族运动会中指定的比赛项目，已经受到世界各地民众的喜爱和追捧。

● 拉萨风筝：会飞的纸鸟 ●

世界各地都有放风筝的习俗。西藏拉萨有大象拔河这种"力的较量"的比赛，也有靠智慧来"搏斗"的趣味活动——放风筝。在拉萨，放风筝不仅是第一运动，也是一场没有硝烟的战斗、搏斗。

说起放风筝，很自然就会想到卡勒德·胡赛尼的小说《追风筝的人》。全书是围绕风筝与阿富汗的两个少年展开，一个富家少年与家中仆人关于风筝的故事，描绘了人性的背叛与救赎。做风筝、放风筝、斗风筝、追风筝，一系列与风筝相关的故事，让无数读者感动落泪。

拉萨的风筝历史悠久，它在藏语中被称为"甲比"，意为"会飞的纸鸟"，风筝飞在西藏人民的美好心灵里。他们靠着灵巧的手、传统文化的濡染，创作出属于他们自己的造型别致、色彩丰富的风筝，让人们仰望蓝天时，看到了除却苍鹰、白云、雪山的另一种美——而这样的美，不是出自自然之力，是人类的双手创造的。放飞风筝的同时，也就是放飞梦想和祈愿。

但是，对于放风筝的高手来说，他们娱乐的方式有很多，似乎不太在意通过放风筝来娱乐自己，他们的目的明确而不简单，因为他们想用自己的风筝去"战斗"，去"打败"别人的风筝。这就有点像《追风筝的人》里面提到的"斗风筝"场面。

每年的秋季，拉萨河谷的微风吹着河水泛起波浪，河畔的天空中，就会

有令人眼花缭乱的风筝上下飞舞，不时还有风筝坠落，引来一群孩子追逐，这是拉萨群众喜爱的传统游戏——斗风筝。

　　他们手中的风筝大多不是去店铺里购买的，因为他们不放心，担心那些风筝经不起"战斗"。他们都是自己动手，从风筝的骨架开始，精心制作。对于制作风筝的材料，他们要求很高，也很多。一些材料要特别精选，比如，糊风筝的纸要用印经书的藏宣纸，既轻盈又结实，很难被风刮破。风筝要制成棱形，目的是增加其在"战斗"中的灵活性。所选的风筝线也不普通，而是非常结实的丝棉线，丝绵线上还要涂上自制的玻璃胶，使线变得锋利，以便在未来的战斗中"割"断别人的风筝线。参加过"战斗"的风筝线因为互相的摩擦使玻璃胶受损，还会在下次"战斗"前再被涂上玻璃胶。基础工作做完后，还要带做好的风筝进行试飞，将其调整至最佳状态。所以说，在拉

萨，风筝还未飞向天空时，人们的心中已经有一只呼啸着冲向云霄的风筝了。在他们心底，各种打斗技巧都已经烂熟，只待摩拳擦掌上阵一较高下。

　　拉萨百姓制作的风筝，讲究实用性，而不太注重它们的色彩，但讲究彩绘图案，有"加沃"（大胡子）、"古玛或古那"（红头或黑头）、"米洛"（瞪眼）、"其瓦"（龇牙）、"邦典"（围裙）、"葛查"（花腰）等。因图案丰富，放上天空时，一片斑斓。而且他们时刻不忘宗教，风筝上的图案极富深意，比如，他们会在棱形风筝上画上密宗法器腿骨号角，除了表示飞行速度快，还表示有了法器，即能法力无边，心想事成。可以说，在拉萨放风筝不比谁放得高，也不比谁的风筝扎得漂亮，比的是放飞技巧，人们从风筝的搏斗中寻找到了无穷无尽的乐趣。

　　与成年人的风筝比赛相比，当地孩子们放风筝，就显得温和多了。这时，拉萨的孩子们也正好放暑假，许多孩子都会不约而同拿着各自的风筝来到大昭寺广场、布达拉宫广场，这里有铺设整齐的地砖，奔跑起来更为畅快。

　　而著名的八廓老街的屋顶也是孩子们放风筝的理想之地，他们不为比赛，只是娱乐，当风筝在天空自由自在飞翔时，他们有时会俯瞰八廓老街上来来往往的游客，听一听喧嚣的市井声。拉萨风筝只有两根竹条，一根稍粗的立在中间成为脊骨，一根略细的横在脊骨的前端，变成一个弓状。整个风筝是菱形的，一旦断线风筝从天空飘下，忽忽悠悠，就像一片落叶，拉萨的孩子们称其为"当阿有达"。风筝坠落的同时，也会伴随着伤心与哀叹，但这不重要，因为孩子们还会再次制作、再次放飞自己的风筝。

　　和我们常见的春日放风筝不同，拉萨地区的放风筝一般限定在每年秋季的8月至10月。这个时间段内，由于受西南季风影响，拉萨的天空阳光热烈，风力稍大，空中也没有粉尘，风向多为西风，风速平衡，是整个拉萨地区最适宜放风筝的季节。当然，也有人会神秘兮兮地说："风筝放早了或放晚了，会影响神灵，人会染上病魔。"还有人说："据说风筝会引来大风，有利于打场脱粒。"

　　不管怎么说，这个季节是西藏地区丰收的季节，也是尽情娱乐享受生活的时节。在西藏首府拉萨，人们即将开启麦收模式。如果给这个季节的拉萨画一幅油画，那么画面的结构可能就是这样的：平房屋顶上，或连绵的拉萨河畔一个个汉子奋力放飞自己的风筝，许多人正在簇拥观望，而不远处，还

有好些人正在拉拽风筝线，几只风筝突然缠绕起来，相互之间在紧张地撕扯、决斗。远处，则是金灿灿的麦浪。丰收的季节，与战斗的时光，竟然可以如此完美地融合在同一张画布上。神秘的拉萨，唯美的拉萨！

● 老虎捉羊与找羊毛球 ●

西藏古代的娱乐习俗，产生于古代的生产、生活和原始宗教活动。老虎捉羊、找羊毛球这两个作为孩子最爱玩的游戏，也都是在漫长生活中渐渐衍生出来的。

可以想见，当时成年人都在牧马放羊，为生活奔波劳碌，孩子们有着足够的时间相聚在一起，为了打发自己漫长甚至是冗余的时间，他们小小脑袋也在不停地思考、创造，于是一个个好玩的游戏"从天而降"，从无到有。有些游戏，是纯粹以玩为主，比如抓石子；有些游戏则蕴藏着体育运动的元素，比如踢毽子。

还有一些游戏，相对而言比较复杂一些，这些游戏不仅有趣好玩，还有益于锻炼小小的身体。比如在整个西藏地区，老虎捉羊的游戏和找羊毛球的游戏，就非常受小孩子们喜爱。只要人数足够，他们就会立即玩起其中一个游戏。

孩子们做老虎捉羊的游戏时，都希望做老虎，因为老虎可以捉羊，而被这只老虎捉到的羊，又会变成老虎，这就仿佛羊跟着老虎，羊也就有了虎威一般。

玩这个游戏，通常是在一个空地上，一个孩子先闭上眼睛，趴在地上，其他几个孩子纷纷伸出食指按在他的身上，接着另一个孩子用拳头敲着叠在一起的手指上，问："老虎，一二三四猜猜是什么？"这时候，趴在地上的孩子就会说："小羊。"于是，手指叠在最上面的那个孩子就被确定为"羊"。

以此类推，孩子们还会继续确认出两只"老虎"、一个"猎人"、一只"猎狗"和几只"小羊"。

一旦人物设定完毕，接下来就像上面说的那样，老虎要装得凶神恶煞，而且是超级饥饿难耐的样子，快速扑上一只小羊，在他头上轻轻一拍，小羊就被恶虎成功俘虏，无形之中也变成了一只老虎。这个游戏虽然重复性很大，老虎要反复追赶小羊，而小羊也会在猎人和猎狗的保护下迂回躲闪。小小老虎想要追上小小羊儿，也并没有想象中那么容易。如果是体质不佳的孩子，想把所有的羊儿都"驯化"成小老虎，那就更是难上加难了。辽阔的高原上，风扑面而来，暖日烘焙着大地，一只只小羊、小虎们也都被太阳照晒得浑身热乎乎的。游戏结束时，多半的孩子都会气喘吁吁、满头大汗地躺倒在暖烘烘的地面，闭上眼睛，大口大口呼吸。当然由于高原之上，氧气稀薄，他们从这深呼吸里，也嗅到远处的草木清香。

另一个被西藏群众一代代传承下来的游戏则是找羊毛球。西藏，平均海拔在4000米以上，素有"世界屋脊"之称。这里的气候总体上具有西北严寒干燥、东南温暖湿润的特点。也正因为独特的高原气候特征，西藏博大神奇的土地上孕育出了独特的动物种类，西藏羊以及藏羚羊。

尤其是西藏羊，是当地重要的畜牧品种，而且西藏羊的毛以白色为主，呈毛辫结构、十分长而且光泽好，富有弹性，当地人就用它的毛来制作衣物及其他许多具有保暖、装饰意义的东西。西藏地区的小孩子们玩"找羊毛球"所用的羊毛球，也是西藏羊默默贡献出来的宝贝。

羊毛球，顾名思义就是用羊毛制作而成，形状为团状、球状，大小适中的球。因为羊毛球轻，没有太大分量，而且绵软温暖，所以很多孩子都喜欢它，这也就让找羊毛球的小游戏深得年幼儿童的喜爱。

玩找羊毛球的游戏，通常是乐此不疲的。当然，这个游戏也是很有挑战性，因为全程需要奔跑，对于体能的考验，也很重要。

现在，请注意啦，游戏即将拉开序幕！首先，有一个最积极的孩子，按捺不住报出自己游戏名称，比如，他会说："我是太阳。"接下来，另一个孩子脱口而出："我是月亮。"紧接着，有孩子说："我是金星。"随后，有人说："我是花朵。"还有人说："我是蝴蝶。"……孩子的想象力非常丰富，自己喜爱什么，就说什么，非常自由，无拘无束。但这个游戏，也是有规则的，孩子们定好自己喜爱的角色后，就得选出一个岁数稍微大一些的孩子，让他当游戏的裁判。裁判的权力很大，因为是公选出来的，同时他的年龄大，所以，大家对于他做出的裁决，也都严格听取。

裁判先让所有的孩子背过身去，每个人都得闭上眼睛，不许偷看。接着，

他把一个包着石子的红羊毛球扔到一个难找的地方，然后，大喊一声："天亮了，太阳出来了！"这时候，捂着眼睛的孩子们纷纷放开手，你争我夺地跑向羊毛球的位置。

为了增强游戏的趣味性，在孩子们寻找羊毛球的过程里，裁判还会故意用些假暗示迷惑他们，一会儿说："太阳那边有希望了。"捂着眼睛的孩子就会向扮演太阳的孩子那边跑过去。裁判看着孩子们涌向"我是太阳"那边，于是狡黠地说："月亮那边有希望了。"孩子们就又折转方向，奔向取名为月亮的孩子身边。结果还是找不到羊毛球。几次折腾来，折腾去，孩子们被裁判的假暗示弄得晕头转向。有耐不住性子的孩子，就会说不带这样的，跟着也有人附和，但更多的孩子则是嘻嘻哈哈地笑，因为，他们在来来回回奔跑的过程中，会相互不断碰撞，东倒西歪，他们觉得这实在是太有意思啦！

忽然，有人找到了羊毛球，就藏在藏袍里，向裁判那边跑去。如果在跑的过程中，被别的小孩子发现，都会跟上来开始争夺羊毛球，非常激烈，大家很容易闹成一团，扭来扭去，谁也不让谁——但，他们游戏为主，不会因此闹矛盾。

当最灵敏的孩子抢到羊毛球并交到裁判的手上，游戏才算结束。奖品一般是一个用石头磨制成的小牛。小牛非常可爱，都是孩子们平日里自己用心慢慢打磨的，谁得到这样一只小牛，谁都感觉非常骄傲、快乐。

西藏的孩子还有很多很多好玩的游戏，这些游戏陪着孩子们度过了漫长的童年，也给他们的人生留下了宝贵的财富，等他们渐渐长大，有了自己的孩子之后，他们又会将这些有趣的游戏认认真真地传承到下一代的脑海里。

也许有一天，那个玩着玩着就长大的父亲，坐在门口的坡地上看着自己的孩子和他的伙伴们一起玩老虎捉羊、找羊毛球、抓石子、踢毽子等游戏时，会恍恍惚惚，又回到自己的童年，他也许会情不自禁走过去，加入孩子的游戏中，重温孩提时代的快乐与幸福。

后记

走近民俗文化，传承千年文明

1970年，四川大学历史系童恩正教授率领一支年轻的科考发掘队，在昌都发现距今已有4000多年历史的卡若遗址，出土了大量的石器骨器，以及古陶片等文物，这一发现将人们的眼光都吸引到了这片静默了千万年的土地上。所有的发掘都在向人们传达这样的一个信息：早在四五千年前，西藏地区便有了常住人口，其文明程度也达到了可观的水平。

根据相关资料记载，4000年前，拉萨河流域就已出现了最初的农业经济，人类在这里活动，在这里劳作，生存发展，繁衍后代，并逐渐形成了自己特有的风俗文化。

受环境与自身能力的限制，在与大自然斗智斗勇的过程中，依赖于农业经济的人们，创造了农业神灵，创造了与天地万物息息相关的各种神，也创造了祈福丰收的节日、庆祝收获的仪式等等。同时，在与恶劣环境搏斗的过程中，居住在高原的人们认识到了自然的伟大，并达成了和谐相处的模式，对生命的敬畏与热爱，造就了一个又一个与生命相关的风俗节日，人们用最虔诚的心迎接新生命，用最隆重的仪式告别离去的生命。

在这片土地上，几千年来，人们一代代传承和流传着属于自己的文化和风俗，人们热爱生命，热爱自然，有自己的宗教信仰，有信奉和崇拜的神明，也有忌讳和害怕的鬼神，所有的一切都以大大小小的节日和仪式为代表，演绎出了沉淀几千年的文化。

在拉萨漫长的历史发展中，人们在这里创造了属于自己的独特文化，包括宗教文化、节日文化、饮食文化以及丧葬习俗等，是藏族人民从生活中总结来的经验，也是人们对美好生活的追求与祈祷，是对自然的热爱，更有对生命的敬畏。

随着时代发展与多民族文化的交流，拉萨这片土地上涌入了很多新的信息与文化。随着时间推移，拉萨的文化出现了多元化和现代化的特点，同时传统的民俗风情也在这里得到了很好的传承与发扬。

传统文化是一个民族，一个地区，在漫长的岁月里，在风雨兼程的生存发展中积累下来的智慧珍宝。梳理拉萨的民俗风情，深入了解并宣扬这些宝贵的传统文化，对于全民族的文化研究与传扬具有十分重要的意义。不论手工艺还是藏戏文化、不论民俗节日还是宗教信仰，从服饰着装到建筑居所，所有的一切，无不与拉萨的发展和文化的传承息息相关。拉萨民族风情，有其神秘灵动之处，吸引着人们靠近、了解。这本书的写作宗旨，是对拉萨的民俗风情进行解读与宣传，更是对传统文化进行礼赞与传承。

主要参考文献
ZHU YAO CAN KAO WEN XIAN

[1] 徐志民. 西藏史话 [M]. 北京:社会科学文献出版社,2011.

[2] 才让. 西藏佛教 [M]. 兰州:甘肃人民出版社,2007.

[3] 央珍. 拉萨的时间 [M]. 浙江:浙江文艺出版社,2018.

[4] 廖东凡. 灵山圣境 [M]. 北京:中国藏学出版社,2008.

[5] 廖东凡. 拉萨掌故 [M]. 北京:中国藏学出版社,2008.

[6] 陈立明. 西藏民俗 [M]. 北京:五洲传播出版社,2017.

[7] 冯少华. 西藏嘛呢石刻 [M]. 北京:北京出版社,2009.

[8] 陈志文. 我的拉萨 [M]. 南京:江苏美术出版社,2012.

[9] 文藏藏. 西藏的拉萨八廓街 [M]. 北京:人民邮电出版社,2015.

[10] 平措扎西. 世俗西藏 [M]. 北京:作家出版社,2005.